Juliane Kögel/Oliver Pojsl

Lesespaß in Klasse 5

mit 13 interessanten Kurztexten
und vielen spannenden Übungen

Kopiervorlagen

BRIGG Pädagogik

Redaktion: Eva Christian, München
Illustration: Kristina Klotz, München
Umschlaggestaltung: PrePress-Salumae.com, Kaisheim
Umschlagfoto: © Fotolia/contrastwerkstatt
Technische Umsetzung: PrePress-Salumae.com, Kaisheim

www.brigg-paedagogik.de
www.oldenbourg-bsv.de

1. Auflage 2014

Alle Drucke dieser Auflage sind inhaltlich unverändert und können im Unterricht nebeneinander verwendet werden.

Druck: freiburger graphische betriebe

ISBN 978-3-8481-**1027**-8

Inhalt gedruckt auf säurefreiem Papier aus nachhaltiger Forstwirtschaft.

Inhalt

Thema 8: Altes Ägypten

Thema 9: Feuerwehr

Thema 10: Der Koala

Thema 11: Pferde

Thema 12: Weltwunder

Thema 13: Picasso

Vorwort

Liebe Kolleginnen und Kollegen,

oft ist es schwierig, geeignete Lesetexte in Lesebüchern zu finden. Manchmal ist der Text zu klein geschrieben, zu umfangreich oder aber die Themen liegen nicht in der Interessenswelt der Schülerinnen und Schüler. Mit diesen Arbeitsmaterialien möchten wir Ihren Schülern die Möglichkeit geben, ihre individuelle Lesekompetenz zu steigern, Neues und Spannendes aus den Texten zu erfahren und vor allem Freude am Lesen zu gewinnen.

Im ersten Kapitel finden Sie Übungen, die den Schülern helfen, die ihre Lesefertigkeit trainieren müssen. Diese verschiedenen Übungen, die bei der Strukturierung von Wörtern helfen, können Sie auch auf andere Texte oder Wörter übertragen. Sehen Sie die Aufgaben exemplarisch und lassen Sie Ihre Schüler selbstständig weitere Übungen nach diesem Muster entwerfen. So können die Übungen z.B. in Einzelarbeit erstellt und dann mit dem Partner getauscht werden. Aus allen neu verfassten Übungen kann eine Aufgabenkartei zusammengetragen werden, die in der Freiarbeit eingesetzt werden kann.

An die Grundlagenübungen schließen 13 Kapitel an, in deren Mittelpunkt die Förderung des Leseverständnisses liegt. Zu den verschiedenen Themen werden Basistexte angeboten, die von jedem Schüler gelesen werden können. Zu jedem Thema gibt es außerdem Erweiterungstexte, die dem interessierten oder schnellen Schüler Zusatzinformationen bieten und somit Anschlussaufgaben darstellen. Die Kapitel bauen nicht aufeinander auf, sondern bilden unabhängige Einheiten. Ebenso sind die Materialien innerhalb eines Kapitels eigenständig und können, abgesehen vom notwendigen Basistext, völlig unabhängig voneinander bearbeitet werden. Dies gibt Ihnen die Möglichkeit, den Einsatz der Texte ganz auf Ihren Unterricht abzustimmen.

In den Übungen zu den Lesetexten werden wichtige Grundkompetenzen trainiert. Überfliegendes Lesen, Wichtiges aus dem Text herausschreiben, genaues Lesen, Schlüsselwörter finden, Texte gliedern, Fragen beantworten und Stichwortzettel anlegen – all dies fördert das Leseverständnis der Schüler und hilft ihnen, erfolgreich Texte zu bearbeiten.

Wir wünschen Ihnen und Ihren Schülern viel Freude beim Lesen.

Oliver Pojsl und Juliane Kögel

Kempten, Januar 2014

Zur Orientierung:

Ⓐ = Allgemeine Übungen zur Förderung der Lesetechnik

Ⓑ = Basistexte mit grundlegenden Informationen zum Thema

Ⓩ = Zusatztexte, die weitere Informationen bieten und die Kinder selbstständig arbeiten lassen

Allgemeine Übungen

Oft ist es schwierig, Wörter mit mehreren Konsonanten (Mitlauten) hintereinander zu lesen. Teste, wie gut du die folgenden Wörter lesen kannst.

schr

Schritt
Schrott
Schranktür
Schramme
Schriftbild
Schräglage
Schreibarbeit
Schreibmaschine

pfl

Pflug
Pflock
Pflege
Pflanze
Pflaume
Pflegemutter
Pflaumenkuchen
Pflichtverteidiger

kr

krumm
Krug
Kraut
Krieg
Kräutertee
Kraftsport
Krabbenfischer
Krankenwagen

schl

schlank
schlagen
Schlange
schlampig
Schlauheit
Schlafzimmer
Schlappohren
Schlagersänger

str

straff
stramm
streben
strahlen
Sträfling
Straßenbahn
Straußenei
Streifschuss

schw

schwer
Schwein
Schweiß
Schwester
schwierig
schwabbeln
Schwimmbad
Schwindlerin

Oft ist es schwierig, Wörter mit mehreren Konsonanten (Mitlauten) hintereinander zu lesen. Teste, wie gut du die folgenden Wörter lesen kannst.

tr	**komp**	**pf**
treiben	Kompass	Pferd
trocken	komplett	Pfand
Tränen	Kompost	Pfeil
tragbar	kompakt	Pfahl
trennbar	Kompott	Pfarramt
Trambahn	Komplize	Pfirsich
Trauerfeier	Kompromiss	Pfingsten
Traumberuf	kompetent	Pfeffermühle

gr	**br**	**qu**
groß	Brief	quer
Grotte	breit	Qual
grollen	bröckeln	Qualle
grölen	brühwarm	Quadrat
Großmutter	brenzlig	Quartal
Groschen	Bruderherz	Quellwasser
Grönland	Brotaufstrich	Quecksilber
Grobmotorik	Bruchrechnung	querschnittsgelähmt

Welche Wörter gibt es? Schreibe sie auf. Achtung! Manchmal sind mehrere Möglichkeiten richtig.

ver, vor, über _______schlafen	her, ein, über _______kochen	auf, hinter, nach _______essen
ver, vor, über _______gehen	aus, zu, hinunter _______trinken	ab, vor, auf _______arbeiten
ver, ein, über _______hören	zer, auf, zu _______sehen	mit, über, vor _______fahren
ein, ent, zu _______laufen	zer, ver, weg _______schreiben	be, weg, hin _______schenken
über, ver, vor _______nehmen	nieder, ver, dazu _______legen	hin, los, ab _______sitzen
nach, ab, auf _______springen	ver, aus, dazu _______mieten	be, ab, vor _______rufen
ab, über, dran _______malen	ver, vor ,ab _______kaufen	ab, zu, nach _______bauen

Zeichne die Wortgrenzen ein! Wenn du magst, kannst du die Witze deinem Partner vorlesen!

ChriskommtzuspätzurSchule.
AufderTreppetrifftderdenDirektor. „ZehnMinutenzuspät!“,
sagtdiesererernst. Chrisnicktundmeint: „Ichauch!“

„Dominik,duhastdiegleichenzehnFehlerimDiktatwiedein
Tischnachbar. Wieerklärtsichdaswohl?“ „Ganzeinfach.
WirhabendiegleicheLehrerin!“

FritzfragtdenLehrer:
„Kannmaneigentlichfüretwasbestraftwerden,wennmannichts
gemachthat?“ „Natürlichnicht!“ sagtderLehrer. „Prima“,
meintFritz,„ichhabenämlichmeineHausaufgabennichtgemacht!“

Hier haben sich falsche Begriffe eingeschlichen. Streiche den Begriff, der nicht zu den anderen passt, durch und versuche einen Oberbegriff für jedes Kuckucksei zu finden.

gehen
laufen
stolzieren
winken

____

groß
klein
dünn
bügeln

____

Kasse
Tasse
Masse
Milch

____

Andreas
Juliane
Matthias
Michael

____

Zentimeter
Kilogramm
Millimeter
Kilometer

____

holte
sprach
meinte
sagte

____

Zitrone
Apfel
Orange
Limette

____

sitzen
Film
Regenschirm
3-D-Brille

____

Quader
Rechteck
Würfel
Pyramide

____

Miniwörter kommen in jedem Text vor. Meistens kennst du sie auswendig und musst sie gar nicht lesen. Versuche die Miniwörter möglichst schnell zu lesen. Lass von deinem Partner die Zeit stoppen.

ich	warum	so
deshalb	mein	da
sie	dich	doch
über	du	denn
wir	ja	um
dein	man	bei
vom	raus	weil
dann	euer	zur
hin	auf	es
am	nein	wo

Deine Zeit: ______

1. *Oft ist es schwierig, lange Wörter zu lesen. Diese Übung hilft dir, die einzelnen Wörter eines zusammengesetzten Nomens (Namenworts) zu erkennen. Verbinde die richtigen Wortteile!*

Kranken-	hagel	Kugel-	gericht
Imbiss-	stand	See-	wunde
Kugel-	kartoffel	Nadel-	stahl
Kino-	ferien	Mäuse-	gabel
Marzipan-	schiff	Land-	klinik
Not-	besitzer	Schnitt-	holz
Polizei-	schwester	Bürger-	schreiber
Oster-	streife	Unfall-	papier
Luft-	flasche	Geschenk-	plage
Tür-	griff	Rad-	fisch
Wald-	strom	Feuer-	schein
Sauerstoff-	ameise	Dieb-	baum

2. *Zeichne die Nahtstelle ein! Wo kommen zwei oder auch drei Nomen zusammen?*
Zeichne ein z. B.: Namen | wort

Geschäftsabschluss	Geschirrreiniger	Käsesahnetorte
Mannschaftsraum	Pfingstmontag	Fensterscheibe
Pferdesport	Kreuzspinnennetz	Regenbogen
Steinschlaggefahr	Uhrzeigersinn	Wirtschaftskrise
Zugbegleiter	Weltwunder	Zuckerdose
Schweinestall	Hoffenster	Radwanderung
Plastikfolie	Ofentür	Morgensonne
Heuhaufen	Imbissstand	Kühlturm
Autoreifen	Kindergartenplatz	Waldameise
Zahnbürste	Wunderkerze	Kuchenplatte

Mithilfe von Signalgruppen kannst du Wörter leichter erkennen und somit schneller lesen. Signalgruppen sind kleine Einheiten in Wörtern, die sehr häufig vorkommen. Finde im Text die Wörter, in denen die folgenden Signalgruppen vorkommen.

Weißes Gold oder einfach nur Salz

Stell dir mal vor, wie dein Lieblingsgericht ohne Salz schmecken würde? Menschen aber auch Tiere, wie Kühe oder Hunde, brauchen Salz. Salz ist für uns heutzutage nichts Besonderes. Das war nicht immer so. Dieses „Weiße Gold" war in Gebieten ohne Salzbergwerke oder Meersalz sehr teuer. Viele Städte nahmen eine Gebühr dafür, dass Händler Salz befördern durften. Städte wie Salzburg oder Lüneburg machte dies sehr reich. Wie wertvoll Salz war, zeigt der Salzmarsch von Gandhi. Die Engländer besetzten vor 150 Jahren Indien und bevormundeten die Bevölkerung. Da die Briten Geld verdienen wollten und auch die Inder Salz benötigten, kam man auf eine Idee. Man verbot den Indern einfach den Handel und die Salzgewinnung. So konnte man hohe Steuern kassieren. Gandhi kämpfte für indische Rechte ganz ohne Gewalt. Aus diesem Grund marschierte er 1930 mit 78 anderen ans Meer, um von dort Salz zu holen. Danach forderte Gandhi seine Mitmenschen auf, es genauso zu tun und Salz aufzutreiben. Da die Steuereinnahmen zurückgingen, ließen die Engländer daraufhin mit großem Krach 50 000 Menschen einsperren. Doch es kamen immer mehr Menschen ans Meer wegen des Salzes. Wie durch ein Wunder hatten die Menschen mit diesem gewaltfreien Protest Erfolg. Dies war ein Lichtblick im Kampf um die Unabhängigkeit. Die Engländer erlaubten es nun den Indern, selbst Salz zu gewinnen und zu verkaufen.

Themen

Herzklopfen

Ich sah mich um. Überall waren nur Pflanzen. Es gab kleine Sträucher und auch große, grüne Blätter in allen Formen. Die Bäume waren riesig und ragten weit in den Himmel. Dieser Urwald ließ das Sonnenlicht nur spärlich durchblitzen. Die Flügel eines wunderschönen, rot-leuchtenden Schmetterlings streiften mein Gesicht. Ich schaute ihm hinterher.

Plötzlich stellte ich fest, dass der Boden bebte. Ich verlor fast das Gleichgewicht. Mein Herz pochte laut und ich erstarrte vor Angst. Bäume brachen mit lautem Knacksen zusammen. Der Boden bebte wieder und etwas stampfte auf mich zu. Doch meine Neugier war größer als die Angst und ich wagte ein paar Schritte in Richtung des Geräusches.

Stolpernd fiel ich hin. Doch was war das – eine riesige Wurzel? Ich richtete mich schnell wieder auf und sah nach oben. Lebendig bewegte es sich in alle Richtungen.

Was war das?

Drrrrrrrr... rrr... rrr...

Mein Wecker klingelte.

Erschrocken öffnete ich meine Augen und erst jetzt wurde mir klar, von welchem Tier und von welcher Zeit ich geträumt hatte.

Weißt du, wovon der Traum gehandelt hat?

Dinosaurier

© Fotolia/DM7

Dinosaurier bedeutet „schreckliche Echse“. Über 160 Millionen Jahre lang beherrschten diese Echsen die Welt, aber vor 65 Millionen Jahren starben sie ohne jede Ausnahme aus. Das geschah, lange bevor die Entwicklung des Menschen vor 3,5 Millionen Jahren begann. Die Dinosaurier lebten auf dem Land. Manche waren so lang wie zehn hintereinander geparkte Autos und so hoch wie ein dreistöckiges Gebäude, manche nicht größer als ein Dackel. Die ersten Dinosaurierskelette wurden zu Beginn des 19. Jahrhunderts entdeckt. Im Laufe der Jahrzehnte sind mehr als 300 Dinosaurierarten bekannt geworden.

Viele Dinosaurier waren Pflanzenfresser, so auch die größten, die Sauropoden. Sie bewegten sich langsam und besaßen einen winzigen Kopf. Ihre sehr langen Hälse benutzten sie, um die breiten und hohen Bäume zu erreichen. Als Gegengewicht zum langen Hals hatten sie einen gigantischen Schwanz. Ein Beispiel für einen Sauropoden ist der Barosaurus – ungefähr 27 Meter lang, 19 Meter hoch und bis zu 80 Tonnen schwer.

Der Tyrannosaurus war wohl zu seiner Zeit einer der größten, grimmigsten und gewaltigsten fleischfressenden Dinosaurier. Im Durchschnitt wurde er 14 Meter lang, 6 Meter hoch und an die 7 Tonnen schwer. Seine kräftigen sägeblattartigen Zähne erreichten eine Länge von 15 Zentimetern. Heute lebende Raubtiere müssen ihre Beute oft lange jagen. Dafür hätte der Tyrannosaurus gewaltige Muskeln aufbieten müssen. Ob der Tyrannosaurus wirklich ein Jäger war oder nur ein Aasfresser, darüber streiten sich die Experten. Ein besonderes Körpermerkmal ist, dass seine Arme im Vergleich zu seiner riesigen Masse winzig sind. Es wurde lange gerätselt, wieso dieser Fleischfresser so kurze Arme hatte, und es wird vermutet, dass er sie nur zum Aufrichten nach dem Schlafen gebrauchte.

Viele Menschen fragen sich, warum die Dinosaurier ausgestorben sind. Grund war eine Veränderung der Natur, die auf der ganzen Erde stattfand. Dadurch starb nicht nur eine kleine Gruppe aus, sondern die ganze Tierart. Danach entwickelten sich neue Arten, die sich auf der Erde ausbreiteten.

© Fotolia/Catmando

Schreibe Informationen auf, die für dich wichtig sind, um den Text zu verstehen. Natürlich darfst du den Text überfliegen, so oft du willst.

Was hat dein Partner gefunden?
Ergänzt eure Listen.

© Fotolia/DM7

Kreise deine Entscheidung ein!

1. Dinosaurier haben meistens fünf Beine.	✓	✗
2. Dinosaurier fressen auch Pflanzen.	✓	✗
3. Es gibt auch Dinosaurierarten, die keine Pflanzen fressen.	✓	✗
4. Der Mensch war vor den Dinosauriern auf der Welt.	✓	✗
5. Dinosaurier stammen von den bösen Drachen ab.	✓	✗
6. Pflanzenfressende Dinos hatten lange Hälse, damit sie die Blätter der Bäume erreichen konnten.	✓	✗
7. Noch heute kann man Dinosaurier im Zoo bewundern.	✓	✗
8. Der Film „Jurassic Park“ handelt von Dinosauriern.	✓	✗
9. Manche Saurier konnten Feuer speien.	✓	✗
10. Die Saurier starben aus, weil feuerspuckende Artgenossen den Wald angezündet haben.	✓	✗
11. Die Fleischfresser hatten scharfe Zähne, damit sie die Beute zerlegen konnten.	✓	✗
12. In Museen werden aufgefundene Skelette von Sauriern ausgestellt.	✓	✗
13. Bei Ausgrabungen muss man sehr vorsichtig sein, damit die versteinerten Knochen nicht zerstört werden.	✓	✗

Lies dir die Sätze genau durch. Nur den richtigen Satz darfst du ankreuzen.

- Dinosaurier lieben auf dem Land. ○
- Dinosaurier leben auf dem Wand. ○
- Dinosaurier leben auf dem Land. ○
- Dinosaurier leben auf den Land. ○

- Die pflanzenfressenden Dinosaurier hassen eine enorme Größe. ○
- Die pflanzenfressenden Dinosaurier hatten eine enorme Größe. ○
- Die pflanzensäugenden Dinosaurier hatten eine enorme Größe. ○
- Die pflanzenfressenden Dinosaurier hatten eine enorme Grüße. ○

- Dinosaurier hatten fein Fell, aber dafür eine schuppenartige Haut. ○
- Dinosaurier hatten dein Fell, aber dafür eine schuppenartige Haut. ○
- Dinosaurier hatten kein Fell, aber dafür eine schuppenartige Haus. ○
- Dinosaurier hatten kein Fell, aber dafür eine schuppenartige Haut. ○

- Der bekleidete Dinosaurier heißt Tyrannosaurus Rex. ○
- Der bekannteste Dinosaurier heißt Tyrannosaurus Rex. ○
- Der bekannteste Dinosaurier heißt Thymian Rex. ○
- Der bekannteste Dinosaurier beißt Tyrannosaurus Rex. ○

- Übersetzt bedeutet das Wort Dinosaurier schreckliche Echse. ○
- Übersetzt bedeutet das Wolle Dinosaurier schreckliche Echse. ○
- Übersetzt bedeutet das Wort Dinosaurier schreckliche Hexe. ○
- Übersetzt bedeutet das Wort Dinosaurier schreckliche Achse. ○

- Dinosaurier lebten Eier, aus denen ihre Jungen schlüpften. ○
- Dinosaurier legten Eier, raus denen ihre Jungen schlüpften. ○
- Dinosaurier legten Eier, aus denen ihre Jungen schlüpften. ○
- Dinosaurier legten Eier, auf denen ihre Jungen schlüpften. ○

Lies dir die Sätze genau durch. Nur den richtigen Satz darfst du ankreuzen.

- Manche Saurier waren so fein wie ein Dackel. ◯
- Manche Saurier waren so klein wie ein Dackel. ◯
- Manche sauber waren so klein wie ein Dackel. ◯
- Manche Saurier wissen so klein wie ein Dackel. ◯

- Bauch schon früher wurden Saurierknochen gefunden. ◯
- Auch schon Fässer wurden Saurierknochen gefunden. ◯
- Auch schön früher wurden Saurierknochen gefunden. ◯
- Auch schon früher wurden Saurierknochen gefunden. ◯

- Wegen eines Kinofilms brach großes Dinosaurierfieber aus. ◯
- Wiegen eines Kinofilms brach großes Dinosaurierfieber aus. ◯
- Wegen Eimer Kinofilms brach großes Dinosaurierfieber aus. ◯
- Wegen eines Kinofilms brach großes Dinosaurierfieber Haus. ◯

- Im Jahr 1858 wurde ein vollständiges Skelett in Amerika erobert. ◯
- Im Jahr 1858 wurde ein vollständiges Skelett in Amerika entdeckt. ◯
- Im Jahr 1858 wuchsen ein vollständiges Skelett in Amerika entdeckt. ◯
- Im Jahr 1858 wurde ein vollständiges Skelett in Amerika bedeckt. ◯

- „Jurassic Park“ war ein großer Kinoerfolg auf der ganzen wild. ◯
- „Jurassic Park“ wo ein großer Kinoerfolg auf der ganzen Welt. ◯
- „Jurassic Park“ war ein großer Kinosaal auf der ganzen Welt. ◯
- „Jurassic Park“ war ein großer Kinoerfolg auf der ganzen Welt. ◯

- In vielen Bänden kann man tolle Skelette von Sauriern bewundern. ◯
- In vielen Ländern kann man tolle Skelette von Sauriern bewaldet. ◯
- In vielen Ländern kann man tolle Skelette von Sauriern bewundern. ◯
- In vielen Ländern kocht man tolle Skelette von Sauriern bewundern. ◯

Dinosaurier — Was ist richtig? — Thema 1 (B)

Welche Wörter musst du verwenden, damit die Sätze einen Sinn ergeben?

lebten
Mehr als 160 Millionen Jahre lang beherrschten die Dinosaurier die Welt.
behaarten

lang
Manche waren so gut wie zehn hintereinander geparkte Autos.
geparkt

Gemüt
Der gigantische Schwanz war das Gleichgewicht zu dem langen Hals.
Gegengewicht

erreichten
Seine kräftigen sägeblattartigen Zähne gelaufen eine Länge von 15 Zentimetern.
wurden

wollte
Der Tyrannosaurus jagte Pflanzenfresser und mochte auch Aas nicht.
verschmähte

Es wird vermutet, dass der Tyrannosaurus
Hinlegen
seine kurzen Arme nur zum Aufrichten nach dem Schlafen brauchte.
Aufklappen

liefen
Durch eine Veränderung der Natur lebten die Dinosaurier aus.
starben

erlebten
Es entwickelten sich neue Arten.
gaben

Diese Übung hilft dir beim vorausschauenden Lesen. Versuche den Text zu lesen und bei den Pfeilen jeweils das Wort am rechten Rand zu lesen. Du kannst den Text auch deinem Partner vorlesen.

Archäologen bei der Arbeit

In der Mitte von → befindet sich der Dinosaurierpark Münchehagen.	Deutschland
In dem Park kann man nachgebaute → bewundern. Aber man	Saurier
bekommt auch viele Informationen, wie diese Tiere gelebt haben.	
Vor fünf Jahren wurden bei Münchehagen in einem Steinbruch	
versteinerte Saurierknochen →. Seitdem forscht man hier weiter.	gefunden
Unter einer 50 cm dicken Steinschicht entdeckte man einen 40 cm	
langen Fußabdruck eines Raubsauriers.	
Kaum vorstellbar, dass sich zur → der Saurier mitten in Deutschland	Zeit
ein tropisches Inselparadies befand. Damals lag das Gebiet unter	
flachem Wasser und es gab viele kleine →. Dort suchten pflanzenfressende	Inseln
Saurier der Kreidezeit nach Futter. Ihnen folgten deshalb auch →	hungrige
Raubsaurier.	
Verschiedene → sind als versteinerte Beweise gefunden worden. Sie	Fußabdrücke
sagen viel mehr aus als Knochenfunde. Man muss die → aber deuten	Spuren
können. Dabei helfen die Ergebnisse anderer Ausgrabungen. Mit ihnen	
zusammen kann man zum Beispiel eine Jagdszene erkennen.	
„Wer diesen → ausüben will, braucht bei der Arbeit sehr, sehr viel Geduld“,	Beruf
meint ein Archäologe. Jeder Fundort wird gründlich untersucht und genau	
vermessen. Dafür wird er abgesteckt und in kleine, meist quadratische Felder	
eingeteilt. Die → untersuchen dann ein Feld nach dem anderen. Mit kleinen	Forscher
Bürsten, Staubpinseln und sogar Zahnbürsten werden die → ganz	Erdschichten
vorsichtig abgetragen.	
Es bleibt immer spannend, was unter der Erde zum Vorschein kommt.	

Der Film „Jurassic Park"

Der Film „Jurassic Park" kam 1993 in die Kinos. Schon bald wurde er ein Kinoerfolg. Viele Kinder, Jugendliche und Erwachsene haben sich den Film angesehen. Das Besondere waren die tollen und echt aussehenden Bilder von Dinosauriern, die zum Leben erwacht schienen. Das gelang mithilfe von Computern und geschickten Programmierern. Das machte die Produktion des Films sehr teuer. 65 Millionen Dollar betrugen die Kosten, aber der Film spielte in den Kinos weltweit 900 Millionen Dollar ein. Somit hat sich der Film sehr gelohnt. Wegen des Films wurden Dinosaurier sehr beliebt. Es erschienen viele verschiedene Bücher, im Handel wurden Stofftiere, Figuren und Computerspiele angeboten.
Der Filmtitel „Jurassic Park" leitet sich von der Zeit ab, in der die Dinosaurier lebten, nämlich dem Jura. Wie bei vielen Filmen wurden Bücher als Vorlage genutzt. Das Buch mit dem deutschen Titel „DinoPark" hat der Schriftsteller Michael Crichton geschrieben und es ist 1990 erschienen. Er hat auch das Drehbuch zu dem Film „Jurassic Park" verfasst.

Wenn dich das Thema Dinosaurier noch mehr interessiert, findest du hier weitere Informationen:

Internet:
www.dinopark.de
www.dinosaurier-interesse.de
www.blinde-kuh.de

Bücher:
Was ist was – Band 15: Dinosaurier (Tessloff Verlag, 2013)
Das magische Baumhaus - Im Tal der Dinosaurier (Loewe Verlag, 2011)

Wie ich zum Fußball kam

Dominik, 13 Jahre, lebt in München.
Ich liebe Fußball. Meine Familie hat sich immer für Fußball begeistert. Obwohl das Wort Familie nicht ganz richtig ist. Vor sechs Jahren, als ich sieben war, ließen sich meine Eltern scheiden. Mein Vater hatte eine andere Frau. Zwischen Mama und Papa hat es immer viel Zoff gegeben. Noch heute kann ich mich an diese Streitereien erinnern. Ich wollte eigentlich nicht von meiner Familie erzählen sondern vom Fußball. Doch hängt dies eng miteinander zusammen. Immer wenn es Streit gab, schnappte ich mir meinen Ball, knallte die Tür unserer kleinen Mietwohnung hinter mir zu, stürmte die Treppe hinunter und schlüpfte durch die Tür in den Hinterhof. Damals wohnten wir in einer Arbeitersiedlung in München. Obwohl die Siedlung nicht toll aussah, hatte sie einen Vorteil: eine große Rasenfläche zwischen den Häuserreihen und Steinmauern zum Draufschießen. Zwei Wäschestangen waren unsere Torpfosten. Einigen Jungs ging es ähnlich wie mir und so trafen wir uns täglich zum Fußballspielen. Falls mal keiner zum Spielen da war, schoss ich den Ball an die Steinmauer – bis wieder einmal der Hausmeister kam.

Ich hatte auch eine ruhige Möglichkeit gefunden, den Ball so lange wie möglich in der Luft zu halten – mal rechts mal links, auch mit Knie, Schulter und Kopf.

Irgendwann fiel in der Schule einem Lehrer mein Ballgeschick auf. Er meinte, ich müsste unbedingt in einem Verein spielen, und so meldete mich meine Mutter gleich in der nächsten Woche beim ESV-München-Freimann an. Hier spiele ich heute immer noch und zwar im Mittelfeld. Meinem Trainer gefällt neben meiner Schnelligkeit und der Ausdauer mein Gefühl für den Ball. So gesehen hatten die Streitereien meiner Eltern doch etwas Gutes: Sie haben mich weg von der Glotze und raus auf den Hinterhof gebracht!

Nach „Die Fußballakademie mit Jürgen Klinsmann“, Löwe Verlag 2005, S. 14–15

Kreise deine Entscheidung ein!

1. Dominiks Eltern verstanden sich immer gut. ✓ ✗
2. Er wohnte in einem großen Haus. ✓ ✗
3. Die Familie wohnte in München. ✓ ✗
4. Die Arbeitersiedlung sah sehr schön aus. ✓ ✗
5. Zwischen den Häusern gab es viele Grünflächen. ✓ ✗
6. Auf der Wiese gab es richtige Fußballtore. ✓ ✗
7. Leider konnten sich die Jungen nur einmal die Woche zum Fußballspielen treffen. ✓ ✗
8. Der Hausmeister mochte es nicht, wenn Dominik auf die Steinmauern schoss. ✓ ✗
9. Dominik konnte den Ball mit Knie, Schulter und Kopf in der Luft halten. ✓ ✗
10. Einem Trainer fiel Dominiks Ballgeschick auf. ✓ ✗
11. Dominiks Mutter meldete ihn bei ESV München-Freimann an. ✓ ✗
12. Dominik wird als Torwart eingesetzt. ✓ ✗

Wie der Fußball auf die Welt kam

Ballspiele mit dem Fuß gibt es schon sehr lange. Im alten China begeisterte man sich bereits vor 5000 Jahren für eine Art Fußball. Aber dies hatte alles nichts mit dem zu tun, was wir heute unter Fußball verstehen: zwei Mannschaften, die unter Regeln gegeneinander spielen. Im Jahr 1314 taucht erstmals in England der Begriff „Fußball“ auf. Der Bürgermeister von London verbot nämlich den Leuten dieses beliebte Spiel. Es war ein wildes, oft brutales Geraufe, bei dem schwere Verletzungen nicht selten waren. Wenn ein Ball in eine Menge von Menschen flog, waren alle sofort dabei, um den Ball zu kämpfen. Manchmal kämpften ganze Dörfer gegeneinander.

Der brutale Volksfußball verschwand immer mehr und es entstanden Regeln beim Spiel mit dem Ball. Aber erst vor 150 Jahren konnte man sich in England auf allgemeine Regeln einigen, die dann für alle Spiele galten. Im Jahr 1872 gab es das erste Länderspiel in der Geschichte des Fußballs: England gegen Schottland. Es endete 0:0.

Die Engländer handelten mit vielen anderen Ländern um Waren. So wurde mit dem Handel auch der Fußball von England aus in die ganze Welt verbreitet. Der älteste deutsche Fußballklub ist der Berliner FC Germania von 1880.

Lies genau!

Markiere die Stichwörter im Text und gib die Zeilennummer an.

Gegeneinander kämpfende Dörfer → Zeile: ______

Wildes Geraufe → Zeile: ______

Erstes Länderspiel der Geschichte → Zeile: ______

Erstmals Fußballregeln → Zeile: ______

Altes China → Zeile: ______

Ältester deutscher Fußballclub → Zeile: ______

Der Traum vom Leben als Fußballer

© imago

Gespräch mit Peter Niemeyer. Er spielt seit 2010 für Hertha BSC Berlin

Wie ist Ihre Begeisterung für den Fußballsport entstanden? Welchen Auslöser gab es dafür?

Mein älterer Bruder hat früher Fußball gespielt und da bin ich immer mit zum Fußballplatz gegangen. Mit vier Jahren habe ich angefangen selber Fußball zu spielen. Mit 15 Jahren bekam ich den ersten Vertrag bei Twente Enschede (Holland) und wurde dort auch zum Profi. Sieben Jahre später durfte ich in der Nationalmannschaft U21 spielen. 2007 ging's zu Werder Bremen.

Hätten Sie damals gedacht, dass Sie einmal so erfolgreich mit diesem Sport sein werden?

Ich habe mir immer gewünscht Profifußballer zu werden. Für den Traum habe ich hart gearbeitet. Ich habe auf viele Sachen verzichtet. Wenn Freunde Partys gefeiert haben, bin ich zuhause geblieben, habe mich aufs Training vorbreitet. Dann ist der Traum in Erfüllung gegangen.

Wer oder was hat diesen Erfolg geprägt?

Ich habe von meiner Familie immer Unterstützung für meinen Sport bekommen. Einen wichtigen Beitrag hat natürlich auch mein Bruder geleistet, denn er hat mir das Fußballspielen schmackhaft gemacht. Und natürlich meine Freunde, die immer Verständnis dafür hatten, dass ich viel trainiert habe. Auch meinem alten Trainer verdanke ich vieles.

Welche Gefühle haben Sie in einem gefüllten Stadion, wenn Sie den Platz betreten?

Wenn 42.000 Menschen im Weserstadion einem zujubeln, ist das ein unbeschreiblich tolles Gefühl. Es macht auch stolz und gleichzeitig steht man dann aber wieder unter Strom, muss Leistung zeigen – und die Fans feuern einen an.

Haben Sie auch andere Hobbys? Welche?

Ich gehe gerne mit meinen Hunden spazieren. Hier in Bremen habe ich nur einen kleinen Hund. Zu Hause bei meinen Eltern, lebt ein größeres Tier mit dem ich mich ausgiebig beschäftige, wenn ich zu Hause bin.

Haben Sie noch Kontakte zur alten Heimat?

Ja natürlich. Ich komme, wenn ich Zeit habe, ganz oft nach Hause. Dann spiele ich mit den Hunden und treffe mich mit allen Freunden.

Wie sieht ein Tagesablauf als Fußballer aus?

Im Grunde dreht sich alles darum, dass ich fit bin für die Bundesligaspiele oder auch für andere Einsätze mit Werder Bremen. Denn mein Körper ist mein Kapital. Deshalb muss ich ihn immer trainieren. Jeden Tag wird auf dem Platz trainiert, zwischendurch gibt es Kraft-, Ausdauertraining und Massagen.

Nach dem Artikel:
http://www.natuerlich-neuenkirchen.de/artikel/2471/der-traum-vom-profifussballer-wurde-realitaet;
Gespräch von Meike Kluska mit Peter Niemeyer, 1. Mai 2010

Wenn du den Text verstanden hast, kannst du die Aussagen leicht beurteilen. Kreuze an, ob die Aussage wahr oder falsch ist.

Aussagen	richtig	falsch
Durch seinen Bruder kam Peter Niemeyer zum Fußball.	❑	❑
Erst mit 17 Jahren begann er, Fußball zu spielen.	❑	❑
Besonders gut im Sport war Peter nach einer großen Party.	❑	❑
Er musste für seinen Traum Opfer bringen.	❑	❑
Seine Familie und seine Freunde haben ihn immer unterstützt und Verständnis gezeigt.	❑	❑
Peter hat Angst im Stadion vor so vielen Menschen zu spielen.	❑	❑
In der Freizeit sitzt er gerne stundenlang vor dem Fernseher und isst Chips.	❑	❑
Immer wenn Zuhause ist, trifft er sich mit seinen Freunden.	❑	❑
Peter Niemeyer muss immer fit bleiben.	❑	❑
Als Belohnung für das harte Training, kann er sich bei einer Massage entspannen.	❑	❑

Die wilde Schwester aus dem Wald

© Shutterstock/Sou West Photography

Man weiß nicht genau, wie die Katze zum Haustier wurde. Wahrscheinlich hat sie sich vor mehr als 5000 Jahren in Ägypten an den Menschen angeschlossen. Damals begannen die Menschen in diesem Land vor allem Getreide anzubauen. Es gab viel Korn und folglich viele Mäuse. Das zog die dort lebenden Wildkatzen an. Sie gewöhnten sich an die Nähe der Menschen, die den kleinen Mäusefänger gerne duldeten.

Aus alten ägyptischen Abbildungen weiß man, dass cadiska, wie die Katze genannt wurde, später auf Schiffen, in Kornspeichern und Wohnhäusern als Mäusefängerin gehalten wurde. Noch später wurden die Katzen in die Tempel aufgenommen und als heilige Tiere verehrt. Wer eine Katze tötete, musste sogar mit der Todesstrafe rechnen. Bald hielten sich viele Familien Katzen als Haustiere. Starb eine Hauskatze, so rasierten sich alle Familienmitglieder zum Zeichen der Trauer die Augenbrauen ab.

Die Wildkatze der Ägypter war die Falbkatze, die auch heute noch wild in vielen Ländern um das Mittelmeer vorkommt. Sie liebt die Wärme und sonnt sich gern stundenlang.

© Shutterstock/Wolfgang Kruck

In den großen Wäldern der Eifel lebt heute noch die Europäische Wildkatze. Sie ist etwas größer als die Hauskatze. Am buschigen Schwanz und dem gestreiften Fell ist sie zu erkennen. Als vermeintlich schädlicher Kleinwildräuber wurde sie früher viel gejagt. Ohne Gnade wurde der „Räuber des Waldes“ aus Bäumen geschossen. In Bayern wurde sie dadurch im 19. Jahrhundert beinahe ausgerottet. Inzwischen steht sie seit 1922 unter Jagdschutz. Doch die Menschen rückten dem scheuen Schleicher weiter auf den Pelz: durch Zersiedelung der Landschaft. Seit 1984 wurden in Bayern etwa 200

Tiere im Bayerischen Wald wieder angesiedelt. Die Wildkatze ist ein scheuer Einzelgänger. Ihr Revier ist zwei bis drei Quadratkilometer groß. Hier duldet sie keine andere Wildkatze.

Unvergleichlich sind die Sinnesleistungen der Katzen: Ihre von über 20 Muskeln bewegten Ohrmuscheln setzt sie wie Radarschirme ein. Die Katzenaugen sind sechsmal empfindlicher als unsere Augen.

Die Wildkatze hat sich im Laufe der Zeit mit der Hauskatze der Ägypter vermischt, die von den Römern nach Europa gebracht worden war. Unsere heutige Hauskatze stammt sowohl von der Falb- als auch von der Europäischen Wildkatze ab.

Die Katze — Was erfährt du im Text? — Thema 3 (B)

Schreibe Informationen auf, die für dich wichtig sind, um den Text zu verstehen. Natürlich darfst du den Text überfliegen, so oft du willst.

Was hat dein Partner gefunden?
Ergänzt eure Listen.

Manche Aussagen über den Text sind falsch. Jetzt bist du Lehrer: Unterstreiche Falsches und schreibe dazu, wie es richtig lauten muss.

© Shutterstock/Sou West Photography

Vor mehr als 5000 Jahren hat sich die Katze in Russland den Menschen angeschlossen.

In diesem Land begannen die Menschen vor allem Getreide anzubauen.

Die Katzen gewöhnten sich an die Nähe der Menschen, die den kleinen Mäusefänger auch gerne duldeten.

Die Katzen wurden in Tempel aufgenommen und später als Heidentiere verehrt. Wer eine Katze tötete wurde groß gefeiert.

Wenn eine Katze starb, malten sich die Familienmitglieder dicke Augenbrauen auf.

Am buschigen Schwanz und den gestreiften Augen ist sie gut zu erkennen.

In Bayern wurde die Wildkatze um Christi Geburt beinahe ausgerottet.

Das Revier der Wildkatze ist zwei- bis dreihundert Quadratkilometer groß.

Welches Wort macht Sinn? Schreibe das passende Wort in die Lücke.

Die Katze hat sich vor mehr als 5000 Jahren den Menschen ______________________.
(angeschlossen, angebracht)

Die Menschen begannen in diesem Land Getreide ______________________.
(anzusetzen, anzubauen)

Die Menschen ______________________ den kleinen Mäusefänger gerne.
(duldeten, wollten)

Früher wurde die Katze auf Schiffen, in Wohnhäusern und in Kornspeichern als Mäusefängerin ______________________.
(gehalten, beobachtet)

Wenn eine Katze starb, ______________________ sich die Familienmitglieder die Augenbrauen ab. *(wuschen, rasierten)*

Die Falbkatze ______________________ auch heute noch in vielen Ländern des Mittelmeeres vor.
(lebt, kommt)

Ohne Gnade wurde die Wildkatze früher aus Bäumen ______________________.
(geworfen, geschossen)

Seit 1984 wurden in Bayern etwa 200 Tiere ______________________.
(angesiedelt, angetrieben)

Die Katze kann ihre Ohren mit 20 Muskeln ______________________.
(bewegen, hören)

Katzenaugen sind sechsmal ______________________ als unsere Augen.
(größer, empfindlicher)

Unsere heutige Hauskatze ______________________ sowohl von der Falb- als auch von der Europäischen Wildkatze ab.
(stammt, ist)

Lies dir die Sätze genau durch. Nur den richtigen Satz darfst du ankreuzen.

Vor mehr als 5000 Jahren hat sich die Katze in Ägypten den Menschen angeschlossen.	◯
Vor mehr als 5000 Tagen hat sich die Katze in Ägypten den Menschen angeschlossen.	◯
Vor mehr als 5000 Jahren hat sich die Karte in Ägypten den Menschen angeschlossen.	◯
Vor mehr als 5000 Jahren hat sich die Katze in Ägypten den Mächten angeschlossen.	◯

Es gab viel Korn und deshalb auch viele Marder.	◯
Es gab viele Krähen und deshalb auch viele Mäuse.	◯
Es gab viel Korn und deshalb keine Mäuse.	◯
Es gab viel Korn und deshalb auch viele Mäuse.	◯

Im alten Äthiopien hieß die Katze früher *cadiska*.	◯
Im alten Ägypten hieß die Katze früher *cadiska*.	◯
Im alten Ägypten hieß die Kälte früher *cadiska*.	◯
Im alten Ägypten hieß die Katze früher *katze*.	◯

Katzen wurden im Tempel aufgenommen und als heilige Triebe verehrt.	◯
Katzen wurden im Tempel aufgenommen und als heilige Tiere verehrt.	◯
Krater wurden im Tempel aufgenommen und als heilige Tiere verehrt.	◯
Katzen wurden im Treppen aufgenommen und als heilige Tiere verehrt.	◯

Lies dir die Sätze genau durch. Nur den richtigen Satz darfst du ankreuzen.

- Wenn eine Katze starb, malten sich die Familienmitglieder die Augenbrauen an. ◯
- Wenn eine Katze starb, rasselten sich die Familienmitglieder die Augenbrauen ab. ◯
- Wenn eine Katze stolzierte, rasierten sich die Familienmitglieder die Augenbrauen ab. ◯
- Wenn eine Katze starb, rasierten sich die Familienmitglieder die Augenbrauen ab. ◯

- Die Farbkatze liebt die Wärme und sonnt sich stundenlang. ◯
- Die Falbkatze liebt die Winde und sonnt sich stundenlang. ◯
- Die Falbkatze liebt die Wärme und sonnt sich stundenlang. ◯
- Die Falbkatze liebt die Wärme und streitet sich stundenlang. ◯

- Die Europäische Wildkatze lebt heute noch in den großen Wäldern der Eifel. ◯
- Die Europäische Wirtskatze lebt heute noch in den großen Wäldern der Eifel. ◯
- Die Eurasische Wildkatze lebt heute noch in den großen Wäldern der Eifel. ◯
- Die Europäische Wildkatze lebt heute noch in den großen Wassern der Eifel. ◯

- Die Wildkatze wurde früher ohne Gerte aus den Bäumen geschossen. ◯
- Die Wildkatze wurde früher ohne Gnade aus den Bäumen geschossen. ◯
- Die Wildkatze wurde früher ohne Gnade aus den Blüten geschossen. ◯
- Die Wildkatze wurde früher ohne Gnade aus den Bäumen gehoben. ◯

Lies dir die Sätze genau durch. Nur den richtigen Satz darfst du ankreuzen.

- Seit 1984 wurden in Bayern wieder etwa 200 Biere angesiedelt. ◯
- Seit 1984 wurden in Bächen wieder etwa 200 Tiere angesiedelt. ◯
- Seit 1984 wurden in Bayern wieder etwa 200 Tiere angesiedelt. ◯
- Seit 1984 wurden in Bayern wieder etwa 200 Tiere ausgesiedelt. ◯

- Das Revier der Wildkatze ist zwei bis drei Quadratzentimeter groß. ◯
- Das Regal der Wildkatze ist zwei bis drei Quadratkilometer groß. ◯
- Das Revier der Wildkante ist zwei bis drei Quadratkilometer groß. ◯
- Das Revier der Wildkatze ist zwei bis drei Quadratkilometer groß. ◯

- Katzenaugen sind sechsmal empfindlicher als unsere Auen. ◯
- Katzenaugen sind sechsmal empfindlicher als unsere Augen. ◯
- Katzenaffen sind sechsmal empfindlicher als unsere Augen. ◯
- Katzenaugen sind sechsmal entfernter als unsere Augen. ◯

- Die Wildkatze kann ihre Ohren mit 20 Muskeln bewegen. ◯
- Die Wildkatze kann ihre Augen mit 20 Muskeln bewegen. ◯
- Die Wildkatze kann ihre Ochsen mit 20 Muskeln bewegen. ◯
- Die Wildkatze kann ihre Ohren mit 20 Muskeln begrenzen. ◯

- Unsere Hauskatze stammt sowohl von der Falb- als auch von der Weinkatze ab. ◯
- Unsere Hauskatze startet sowohl von der Falb- als auch von der Wildkatze ab. ◯
- Unsere Hauskatze stammt sowohl von der Falb- als auch von der Wildkatze ab. ◯
- Unsere Hauskatze stammt weder von der Falb- als auch von der Wildkatze ab. ◯

Lies dir die Katzen-Beschreibungen durch und gib dem passenden Katzenbild die gleiche Nummer.

(1)

Die Perserkatze gehört zu den beliebtesten und ältesten Rassekatzen, die es gibt. Eine Perserkatze ist mittelgroß bis groß und hat kurze, aber dafür dicke Beine. Sie hat dichtes, langes und seidiges Fell. Um Verfilzungen zu vermeiden, sollte dieses täglich mit einer Bürste gekämmt werden. Perserkatzen mögen es komfortabel und bequem und sind deshalb bestens für die Wohnungshaltung geeignet. Sie haben ein sehr ausgeglichenes und ruhiges Gemüt.

(2)

Die Siamkatze ist eine mittelgroße Kurzhaarkatze mit sehr schlankem, muskulösem Körperbau. Wegen ihrer langen Beine gehört sie zu den hochbeinigen Katzenrassen. Dabei fällt auf, dass die Hinterbeine länger sind als die Vorderbeine. Alle Siamkatzen haben blaue Augen. Sie besitzen ein helles Fell mit dunklen Stellen an Kopf und Ohren, an den Beinen und am Schwanz. Je jünger die Kätzchen sind, umso heller ist ihr Fell. Die dunklen Fellmarkierungen (die sogenannte Pointierung) erreichen erst mit circa sechs bis neun Monaten ihre endgültige Farbe. Das Fell der Siamkatze ist sehr kurz und weich.

(3)

Die Birma-Katze hat mittelgroße Ohren mit leicht abgerundeten Spitzen. Die Augen sind blau, groß und leicht oval. Sie stehen weit auseinander. Die Birma-Katze hat langes bis halblanges Fell, das seidig aussieht. Im Gesicht sind die Haare kurz, werden aber auf den Wangen länger und gehen in eine Halskrause über. Auf dem Rücken ist das Fell sehr lang. Wie die Siamkatze hat auch die Birmakatze ein helles Fell, das dunkle Stellen (Points) besitzt. Diese liegen am Kopf, den Ohren, den Beinen und dem Schwanz.

(4)

Die Maine Coon hat einen eckigen Kopf mit hohen Wangenknochen. Die quadratische Schnauze erleichtert das Ergreifen von Beutetieren. Ihre Ohren sind groß, stehen weit auseinander und haben einen großen Bewegungsradius. Sie sind zum Schutz vor Kälte stärker mit Fell besetzt als die anderer Rassen. So weisen sie auch innen und an der Spitze einen starken Haarwuchs auf. Die Augen der Maine Coon sind groß, stehen weit auseinander und sind leicht schräg angeordnet. Innerhalb der Rasse gibt es unterschiedliche Fellfarben und -zeichnungen.

Lies dir die Katzen-Beschreibungen durch und gib dem passenden Katzenbild die gleiche Nummer.

© Shutterstock/Eric Isselee

© Shutterstock/Bildagentur Zoonar GmbH

© Shutterstock/Alex Norkin

© Shutterstock/Ewa Studio

Wölfe und Hunde sind verwandt

© Shutterstock/kochanowski

Vielleicht kommt dir manches an den Verhaltensweisen des Hundes eigenartig vor. Du kannst sie aber besser verstehen, wenn du weißt, dass der Hund vom Wolf abstammt. Die Zähmung des Wolfes durch den Menschen hat vermutlich schon vor über 10.000 Jahren begonnen. Wie dies vor sich ging wissen wir nicht. Vielleicht war es so: Hungrige Wölfe hielten sich in der Nähe menschlicher Lagerplätze auf, weil dort etwas für sie zu essen abfiel. Die Wildtiere wurden allmählich zutraulicher. Das gezähmte Wildtier kann so zum Haustier geworden sein. Im Laufe von Jahrtausenden hat dann der Mensch Hunderte von Hunderassen gezüchtet. Sie gleichen im Körperbau alle dem Wolf.

Wölfe leben gesellig in Rudeln. Jedes Rudel hat ein Jagdrevier, welches mit Urin markiert wird. Innerhalb des Reviers hetzen die Wölfe gemeinsam ihre Beute so lange, bis sie erschöpft aufgibt. Wölfe sind also Hetzjäger. Haben mehrere Hunde Gelegenheit zum Wildern, so jagen sie ihre Beute gemeinsam.

© Shutterstock/schankz

Wie sein „Vorfahre" ist auch der Hund kein Einzelgänger. Er sucht die Gemeinschaft. Die Menschen, welche ihn halten und betreuen, betrachtet er als zu seinem Rudel gehörend. Wird er richtig erzogen, so ist er bereit, sich einer Rangordnung im menschlichen „Rudel" zu unterwerfen. Er erkennt seinen Besitzer als „Leitwolf" an. Begegnen sich zwei Wölfe oder Hunde, so spitzt der Ranghöhere die Ohren und stellt den Schwanz auf. Er zeigt Imponierverhalten. Der Rangniedere legt die Ohren an und senkt den Schwanz. Er zeigt Demutsverhalten. Durch Kämpfe wird die Rangordnung gelegentlich neu festgelegt. Daher kann es auch unter Hunden, die sich nicht kennen, zu Kämpfen kommen.

Manche Aussagen über den Text sind falsch. Jetzt bist du Lehrer: Unterstreiche Falsches und schreibe dazu, wie es richtig lauten muss.

Wir können jedes Verhalten der Hunde verstehen.

Die Zähmung des Wolfes durch den Menschen hat vermutlich schon vor über 1.000.000 Jahren begonnen.

Hungrige Wölfe hielten sich in der Nähe menschlicher Lagerplätze auf, weil dort viel für sie zu essen abfiel.

Die Wildtiere wurden immer scheuer.

Die verschiedenen Hunderassen, die der Mensch züchtete, gleichen im Körperbau alle dem Wolf.

Innerhalb ihres Reviers hetzen die Wölfe ihre Beute so lange bis sie endgültig entkommt.

Wird ein Hund richtig erzogen, so will er in der Rangordnung des menschlichen „Rudels“ an höchster Stelle stehen.

Begegnen sich zwei Hunde, so spitzt der Ranghöhere die Ohren und zieht den Schwanz ein.

Der Rangniedere legt die Ohren an und senkt den Schwanz.

Ergänze Sätze

Welches Wort macht Sinn? Schreibe das passende Wort in die Lücke.

Das kann man besser verstehen, wenn man weiß, dass der Hund vom Wolf ____________________.

(abwirft, abstammt)

Die Wildtiere wurden allmählich immer ____________________.

(zweifelnder, zutraulicher)

Im Laufe von Jahrtausenden hat der Mensch Hunderte von Hunderassen ____________________.

(gezüchtet, gegessen)

Alle Hunderassen gleichen dem Wolf im ____________________.

(Nestbau, Körperbau)

Innerhalb des Reviers hetzen die Wölfe ihre Beute so lange, bis diese ____________________.

(entkommt, aufgibt)

Haben Hunde die Gelegenheit zum Wildern, so jagen sie ihre Beute ____________________.

(einstimmig, gemeinsam)

Der Hund sucht die ____________________.

(Einsamkeit, Gemeinschaft)

Der Hund ist bereit, sich einer Rangordnung im menschlichen „Rudel" zu ____________________.

(unterwerfen, unterbinden)

Der Hund erkennt seinen Besitzer als ____________________ an.

(Leitwolf, unterwürfig)

Der Ranghöhere stellt den Schwanz auf, spitzt die Ohren und zeigt somit ____________________.

(Imponierverhalten, Demutsverhalten)

Durch Kämpfe wird die Rangordnung gelegentlich neu ____________________.

(programmiert, festgelegt)

Manche Verhaltensweisen des Hundes kommen uns ____________________ vor. *(eigenartig, einstimmig)*

Lies dir die Sätze genau durch. Nur den richtigen Satz darfst du ankreuzen.

- An den Verhaltensweisen des Hundes kommt uns manches eigenartig vor. ○
- An den Verhaltensweisen des Rindes kommt uns manches eigenartig vor. ○
- An den Verhaltenswiesen des Hundes kommt uns manches eigenartig vor. ○
- Die Verhaltensweisen des Hundes verstehen wir immer. ○

- Die Zähmung des Wolfes hat vermutlich schon vor 1.000.000 Jahren begonnen. ○
- Die Zähmung des Waldes hat vermutlich schon vor 10.000 Jahren begonnen. ○
- Die Zähmung des Wolfes hat vermutlich schon vor 10.000 Jahren begonnen. ○
- Die Zähmung des Wolfes hat vermutlich schon vor 10.000 Jaguaren begonnen. ○

- Im Laufe von Jahrtausenden hat dann der Mensch Hunderte von Hundeaffen gezüchtet. ○
- Im Laufe von Jahrtausenden hat dann der Mensch Hunderte von Hunderassen gezüchtet. ○
- Im Lande von Jahrtausenden hat dann der Mensch Hunderte von Hunderassen gezüchtet. ○
- Im Laufe von Jahrhunderten hat dann der Mensch Hunderte von Hunderassen gezüchtet. ○

- Innerhalb ihres Reviers jagen Wölfe ihre Beule so lange, bis diese erschöpft aufgibt. ○
- Innerhalb ihres Reviers jagen Wölfe ihre Beute so lange, bis diese erfrischt aufgibt. ○
- Innerhalb ihres Reinigers jagen Wölfe ihre Beute so lange, bis diese erschöpft aufgibt. ○
- Innerhalb ihres Reviers jagen Wölfe ihre Beute so lange, bis diese erschöpft aufgibt. ○

Lies dir die Sätze genau durch. Nur den richtigen Satz darfst du ankreuzen.

- Wölfe leben gesellig in Rudeln. ◯
- Wölfe leben geistig in Rudeln. ◯
- Wolken leben gesellig in Rudeln. ◯
- Wölfe leben gesellig in Radlagern. ◯

- Haben Hände Gelegenheit dazu, jagen sie ihre Beute gemeinsam. ◯
- Haben Hunde Gelegenheit dazu, joggen sie ihre Beute gemeinsam. ◯
- Haben Hunde Gelegenheit dazu, jagen sie ihre Beute gemeinsam. ◯
- Haben Hunde Gelegenheit dazu, jagen sie ihre Beute alleine. ◯

- Die Mächte, die ihn halten, betrachtet der Hund als zum Rudel gehörend. ◯
- Die Menschen, die ihn heizen, betrachtet der Hund als zum Rudel gehörend. ◯
- Die Menschen, die ihn halten, betrachtet der Hund als zum Leder gehörend. ◯
- Die Menschen, die ihn halten, betrachtet der Hund als zum Rudel gehörend. ◯

- Wie sein „Vorfahre“ ist auch der Hund kein Doppelgänger. ◯
- Wie sein „Vorfahre“ ist auch der Hund kein Einzelgänger. ◯
- Wie sein „Vorfahre“ ist auch der Hund ein Einzelgänger. ◯
- Wie sein „Vorfahre“ ist auch der Helm kein Einzelgänger. ◯

- Ein Hund kann bereit sein, sich einer Rangordnung im menschlichen Rudel zu unterwerfen. ◯
- Ein Hund kann bereit sein, sich einer Sitzordnung im menschlichen Rudel zu unterwerfen. ◯
- Ein Hund kann nicht bereit sein, sich einer Rangordnung im menschlichen Rudel zu unterwerfen. ◯
- Ein Hund kann bereit sein, sich einer Rangordnung im mütterlichen Rudel zu unterwerfen. ◯

- Der Hund erkennt seinen Besitzer als „Liedwolf“ an. ◯
- Der Hund erkennt sein Benehmen als „Leitwolf“ an. ◯
- Der Hund fasst seinen Besitzer als „Leitwolf“ an. ◯
- Der Hund erkennt seinen Besitzer als „Leitwolf“ an. ◯

Arbeite zusammen mit deinem Partner. Schneidet die Bingokarten ab. Jeder bekommt eine Karte. Lass dir von deinem Partner die folgenden Sätze in beliebiger Reihenfolge vorlesen. Markiere die Felder, deren Sätze vorgelesen wurden. Sobald du drei Kreuze in einer Reihe hast, wird gestoppt. Wechselt die Rollen. Wer hat am schnellsten drei Kreuze in einer Reihe?

Der Wolf wurde vor über 10.000 Jahren durch Menschen gezähmt.

Die Wildtiere wurden allmählich zutraulicher.

Der Mensch züchtete Hunderte von Hunderassen.

Wölfe hetzen ihre Beute, bis diese erschöpft aufgibt.

Der Hund ist kein Einzelgänger.

Im menschlichen „Rudel“ muss er sich der Rangordnung unterwerfen.

Der Ranghöhere spitzt die Ohren und stellt den Schwanz auf.

Der Rangniedere zeigt Demutsverhalten.

Durch Kämpfe wird die Rangordnung gelegentlich neu festgelegt.

Der Rangniedere zeigt Demuts-verhalten.	Der Ranghöhere spitzt die Ohren und stellt den Schwanz auf.	Durch Kämpfe wird die Rangordnung gelegentlich neu festgelegt.
Wölfe hetzen ihre Beute, bis diese erschöpft aufgibt.	Im menschlichen „Rudel“ muss er sich der Rangordnung unterwerfen.	Der Hund ist kein Einzelgänger.
Der Wolf wurde vor über 10.000 Jahren durch Menschen gezähmt.	Die Wildtiere wurden allmählich zutraulicher.	Der Mensch züchtete Hunderte von Hunderassen.

Der Hund ist kein Einzelgänger.	Der Ranghöhere spitzt die Ohren und stellt den Schwanz auf.	Der Wolf wurde vor über 10.000 Jahren durch Menschen gezähmt.
Wölfe hetzen ihre Beute, bis diese erschöpft aufgibt.	Im menschlichen „Rudel“ muss er sich der Rangordnung unterwerfen.	Der Rangniedere zeigt Demuts-verhalten.
Durch Kämp-fe wird die Rangordnung gelegentlich neu festgelegt.	Der Mensch züchtete Hunderte von Hunderassen.	Die Wildtiere wurden allmählich zutraulicher.

Zippo

Heute ist es endlich so weit. Es hat einiges an Überzeugungsarbeit gekostet, aber heute werden wir ins Tierheim fahren, um uns ein Haustier zuzulegen. Ein Hund soll es sein. Meine Familie und ich machen uns also auf den Weg ins Tierheim. Wir verlieben uns alle sofort in einen kleinen Terrier. Um noch mehrere Informationen über den Hund zu bekommen, befragen wir die Tierpflegerin. „Ist er denn brav?", will mein Vater wissen. „Unser Zippo ist ein sehr nettes Tier", antwortet die Tierpflegerin, „nur vor Stöcken hat er Angst."

Ich möchte natürlich wissen warum.

„Sein Vorbesitzer hat ihn nicht gut behandelt und ihn immer damit geschlagen", erzählt die Tierpflegerin, „und das hat er nicht vergessen."

„Dem kleinen Zippo so etwas anzutun!", empört sich meine Mutter. „Da können wir ihm ein liebevolleres und schöneres Zuhause bieten." Jetzt war alles klar. Papa bezahlt eine Gebühr und notiert der Tierpflegerin unsere Adresse.

Zippo ist jetzt also unser Hund. Fröhlich wedelnd springt er in den Kofferraum und ich freue mich schon, ihn gleich meinen Freunden vorzustellen.

Wir laufen zusammen auf den Bolzplatz. Sofort stehen meine Freunde mit leuchtenden Augen um uns herum. Zippo freut sich über so viele Kinder. Neugierig beschnuppert er alle und will gestreichelt werden.

Doch auf einmal ist die Freude vorbei. Mein Freund Christian holt unbekümmert einen Stock, um mit Zippo Stöckchen werfen zu spielen. Bevor ich etwas sagen kann, reißt sich Zippo los und verschwindet in die Büsche.

„Ich wollte doch nur mit ihm spielen", schluchzt Christian. „Was habe ich falsch gemacht?"

Als wir Zippo endlich mit viel Geduld wieder hervorgelockt hatten, erzähle ich Christian die ganze Geschichte. „Zippo hat Angst vor Stöcken, weil er von seinem Vorbesitzer immer damit geschlagen wurde, erzählte uns die Dame vom Tierheim."

Alle Freunde schütteln traurig die Köpfe. Hätte Christian das früher gewusst, hätte er natürlich anders reagiert. „Ab morgen spielen wir Bällchen fangen, oder Zippo?", ist sein Vorschlag. Zippo wedelt freudig mit dem Schwanz.

Nach: "Felix". In: Arbeitsbuch Lesen 2, Cornelsen Verlag, 2006, S. 26/27

Das Weltall

Die Erde und die übrigen Planeten, alle Sterne, die Galaxien und der Raum um sie herum bilden das Universum oder Weltall.

Die meisten Astronomen glauben, dass vor rund fünfzehn Milliarden Jahren die gesamte Materie und Energie an einem einzigen Punkt konzentriert waren. Dann kam es zu einer unvorstellbaren Explosion, dem Urknall. Innerhalb von vier Minuten entstand so das ganze Weltall. Etwa 500.000 Jahre nach dem Urknall bildeten sich Galaxien aus Wasserstoff.

Unsere Erde sowie unser gesamtes Sonnensystem gehören ebenfalls zu einer Galaxie, der Milchstraße. Die Milchstraße ist aber nur eine Galaxie in einem riesigen Galaxienhaufen. Unser Leben spielt sich nur auf einem kleinen Planeten in einem winzigen Ausschnitt des unendlichen Weltalls ab.

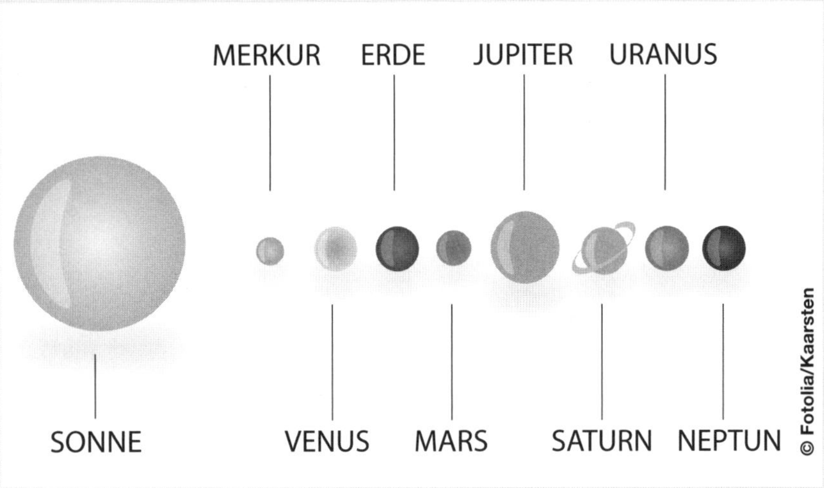

© Fotolia/Kaarsten

Im Mittelpunkt dieses Sonnensystems steht ein einzelner heller Stern, die Sonne. Die Sonne führt diese Ansammlung von acht Planeten, Dutzenden von Monden und zahllosen Asteroiden und Kometen an. Am größten und bekanntesten sind die Planeten. Fünf Planeten kannst du mit bloßen Augen am Nachthimmel sehen: Merkur, Venus, Mars, Jupiter und Saturn. Die beiden anderen sind so weit von der Sonne entfernt, dass du ein Fernglas oder sogar ein Teleskop brauchst, um sie zu sehen.

Zu unserem Sonnensystem gehören Tausende von Kleinplaneten, sogenannte Asteroiden, die zwischen Mars und Jupiter ihre Bahn ziehen. Am Rande des Sonnensystems gibt es Millionen Eisbrocken. Wenn einer davon der Sonne zu nahe kommt, sehen wir ihn als Kometen mit einem glühenden Schweif aus Gas und Staub.

Wenn du den Text aufmerksam gelesen hast, kannst du die Fragen bestimmt beantworten.

Wie lange ist es her, dass der Urknall stattfand?

Zu welcher Galaxie gehört unser gesamtes Sonnensystem?

Wie viele Planeten führt die Sonne an und wie heißen sie?

Überlege dir selbst Fragen zum Text und schreibe sie hier auf. Stelle die Fragen deinem Partner.

B

Welche Wörter musst du verwenden, damit die Sätze einen Sinn ergeben?

Die Erde und die übrigen Planeten, alle Sterne, die Galaxien und der Raum um sie herum bilden das Universum oder Weltall.

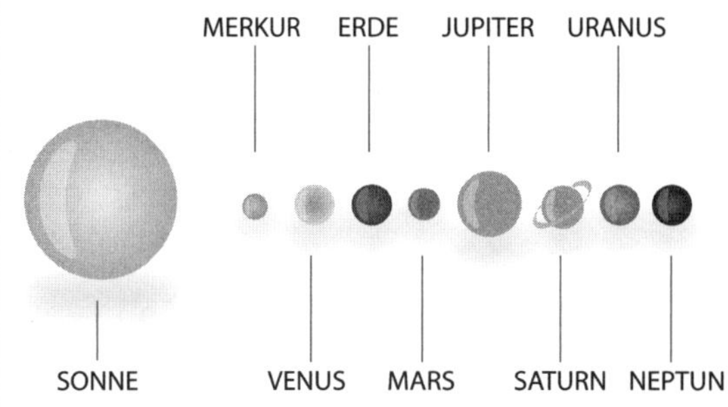

© Fotolia/Kaarsten

Vor ungefähr 15 Milliarden Jahren (suchen / gab / sieht) es eine unvorstellbare Explosion, den Urknall.

Innerhalb von vier Minuten (kam / machte / entstand) so das ganze Weltall.

Unsere Erde sowie unser gesamtes Sonnensystem gehören zu einer Galaxie, der Milchstraße. Unser Leben spielt sich nur auf einem kleinen Planeten in einem winzigen Ausschnitt des unendlichen Weltalls ab.

Der Mittelpunkt des Sonnensystems (pflanzt / ist / singt) die Sonne.

Zu unserem Sonnensystem gehören acht Planeten, Dutzenden von Monden und zahllosen Asteroiden und Kometen. Die bekanntesten sind die Planeten: Merkur, Venus, Mars, Jupiter, Saturn, Mars, Uranus und Neptun.

Am Rande des Sonnensystems (sitzen / kommen / gibt) es Millionen Eisbrocken.

Wenn einer davon der Sonne zu nahe kommt, sehen wir ihn als Kometen.

Das Weltall	Erinnerst du dich?	Thema 5

B

Klappe die rechte Seite nach hinten oder decke sie ab. Versuche nun die Lücken im Text auszufüllen. Kontrolliere zum Schluss deine Ergebnisse.

Alle Sterne, Planeten und Galaxien bilden das ______.	Universum oder Weltall
Es gab eine unvorstellbare Explosion, den ______.	Urknall
So heißt unsere Galaxie: ______.	Milchstraße
Unsere Sonne führt eine Ansammlung von Monden, Asteroiden, Kometen und ______ an.	Planeten
Um manche Planeten zu sehen brauchst du ein ______.	Fernglas oder Teleskop
Kleinplaneten nennt man auch ______.	Asteroide
Wenn ein Eisbrocken der Sonne zu nahe kommt sehen wir eine ______.	Sternschnuppe
Die Milchstraße ist nur eine von vielen ______.	Galaxien

Das Weltall	Überschriften zuordnen	Thema 5

Ordne die Überschriften den Textabschnitten zu. Wenn du noch bessere Überschriften findest, kannst du diese ebenfalls aufschreiben und zuordnen.

Entstehung des Weltalls → Zeile: ______

Entstehung von Sternschnuppen → Zeile: ______

Die Milchstraße → Zeile: ______

Entstehung des Sonnensystems → Zeile: ______

______ → Zeile: ______

______ → Zeile: ______

Lies dir die Wissenskarten durch und gib der passenden Abbildung die gleiche Nummer.

Jupiter ①

Jupiter ist der oberste Gott der Römer. Das Wort *jovial* bedeutet „zu Jupiter gehörend“.

Der größte Planet unseres Sonnensystems ist der Jupiter. Er hat dreihundertmal so viel Masse wie die Erde und ist mehr als doppelt so schwer wie alle übrigen Planeten zusammengenommen.

Auf Jupiter gibt es weiße Ammoniakwolken, blaue Wasserwolken und braune Wolken aus Schwefelverbindungen. Jupiters schnelle Drehung wickelt diese Wolken als Streifen um den Planeten. Bei dem großen roten Fleck handelt es sich um einen riesenhaften Wirbelsturm, der sich dauernd auf dem Planeten hält.

Ein Tag auf dem Jupiter dauert weniger als neun Stunden – das ist der kürzeste Tag im Sonnensystem.

Auch der Jupiter hat wie die meisten Planeten Monde. Mindestens 16 Jupitermonde sind heute bekannt.

Sonne ②

Die Sonne ist nicht der größte Stern unserer Galaxie. Da sie allerdings nur 150 Millionen Kilometer von der Erde entfernt steht, erscheint sie uns größer, als sie wirklich ist. Trotzdem ist die Sonne riesig. Eine Million Erden fänden in der Sonne Platz.

Ohne die nahe Sonne wäre ein Leben auf der Erde nicht möglich.

Die Sonne erzeugt ihre Energie durch Kernfusion. In ihrem glühend heißen Kern werden Wasserstoffatome in Heliumatome umgewandelt. Die dabei freigesetzte Energie entweicht als Licht und Wärme in den Weltraum.

Die Sonne hat eine Oberflächentemperatur von 6000° Celsius.

Würdest du mit Autobahngeschwindigkeit von der Erde bis zur Sonne fahren, wärst du 170 Jahre unterwegs.

Lies dir die Wissenskarten durch und gib der passenden Abbildung die gleiche Nummer.

Saturn (3)

Saturn ist der Name eines römischen Gottes.

Der Saturn hat eine gelbliche Farbe und besteht aus Gasen. Er ist umgeben von Tausenden von Ringen. Ohne diese Ringe sähe er wie eine kleinere Ausgabe von Jupiter aus.

In den Wolkenbändern aus Ammoniak-Eiskristallen ist es bis –135° Grad kalt. Stürme toben auf dem Saturn. An manchen Stellen erreichen sie Geschwindigkeiten von 1300 km/h.

Der Saturn dreht sich schnell. Sein Tag dauert 10 Stunden und 40 Minuten.

Der Saturn ist von 18 Monden umgeben.

Erde (4)

Das deutsche Wort „Erde“ kommt vom Wort *erda*, was Land bedeutet.

Unser Planet, die Erde, ist der einzige Planet auf dem Leben entstehen konnte. Das ist nur möglich, weil er gerade so weit von der Sonne entfernt ist, dass das Wasser nicht verdampft.

Die Erde ist von einer Gashülle umgeben, die ausreichend Sauerstoff für uns bereithält. Von einem Raumschiff aus gesehen, erscheint die Erde als farbiger Planet mit grünen Flächen, gelben Wüsten, blauen Ozeanen und weißen Eisfeldern.

Die Erdkruste ist zwischen 5 und 60 km dick und besteht aus feinem Gestein.

Die Erde kreist um die Sonne und braucht dafür 24 Stunden. Deshalb haben wir sowohl Tag als auch Nacht.

© Shutterstock/Molodec

© Shutterstock/bluecrayola

© Shutterstock/Photobank gallery

© Shutterstock/Plutonius 3d

Erstelle einen Steckbrief zu jedem Planeten und der Sonne. Vielleicht kennst du auch andere Planeten, über die du deine Mitschüler informieren möchtest.

Jupiter

Namensherkunft: ______________________

Größe: ______________________

Gewicht: ______________________

Tagesdauer: ______________________

Ist dieser Planet bewohnbar? Was denkst du?

____

____

Sonne

Oberflächentemperatur: ______________________

Größe: ______________________

Entfernung von der Erde: ______________________

Ist dieser Planet bewohnbar? Was denkst du?

____

____

Saturn

Namensherkunft: ______________________________

Temperatur: ______________________________

Aussehen: ______________________________

Tagesdauer: ______________________________

Ist dieser Planet bewohnbar? Was denkst du?

____

____

Erde

Namensherkunft: ______________________________

Aussehen: ______________________________

Beschaffenheit der Erdkruste: ______________________________

____

Ist dieser Planet bewohnbar? Was denkst du?

____

____

Name des Planeten: ______________________________

Namensherkunft: ______________________________

Aussehen: ______________________________

Größe: ______________________________

Tagesdauer: ______________________________

Ist dieser Planet bewohnbar? Was denkst du?

____

____

Leopard oder Panther?

© Shutterstock/Sue Green

Leoparden ähneln unserer typischen Hauskatze und gehören zur Tierart der Großkatzen. Die Kontinente, die sie bewohnen, sind Afrika und Asien. Leoparden können an unterschiedlichen Orten wohnen. Ihr Lebensraum ist sowohl der dichte Urwald als auch das Gebirge und die Steppe.

© Shutterstock/Geanina Bechea

Auf ihrem Fell haben Leoparden ringförmige schwarze Flecken, die unregelmäßig auf ihrem gelblichen Fell verteilt sind. Interessanterweise treten auch schwarze Leoparden auf. Diese sind uns als „Schwarze Panther“ bekannt.

Leoparden sind Einzelgänger. Um an Beute zu gelangen, schleichen sie sich an ihr Opfer an und schlagen aus dem Hinterhalt zu. Vor allem Affen gelten als bevorzugte Beutetiere, die der Leopard auch auf Bäumen verfolgt. Vorwiegend töten Leoparden kranke und schwache Tiere und helfen so, dass die Art ihrer Beutetiere gesund bleibt. Auch Menschen können mit Leoparden in Kontakt kommen, da die Raubtiere in kleine Dörfer eindringen und dort die Haustiere angreifen.

Leoparden gehören heute zu den bedrohten Tierarten, da sie aufgrund ihres schönen Fells oft gejagt werden. Um diese wunderschönen Großkatzen zu schützen, muss der Handel mit ihren Fellen verboten werden.

Manche Aussagen über den Text sind falsch. Jetzt bist du Lehrer: Unterstreiche Falsches und schreibe dazu, wie es richtig lauten muss.

Leoparden leben in Amerika.

____

Leoparden gehören zur Familie der Wölfe.

____

Leoparden haben auf dem gelben Fell ringförmige schwarze Streifen.

____

Leoparden leben in Großfamilien.

____

Leoparden leben nur in der Steppe.

____

Der Panther ist ein schwarzer Leopard.

____

© Shutterstock/Sue Green

Welche Wörter musst du verwenden, damit die Sätze einen Sinn ergeben?

Leoparden gehören zu den / der Großkatzen.

Sie leben an / in Afrika und Asien.

Leoparden kommen in unterschiedlichen Lebensräumen vorne. / vor.

Sie leben sowohl im dichten Urwald als / auf auch im Gebirge und in der Steppe.

Leoparden haben ringförmige schwarze Flecken.

Diese sind unregelmäßig unter / auf ihrem gelblichen Fell verteilt.

Es treten aber / oder auch häufiger schwarze Leoparden auf.

Diese nennt man „Schwarze Panther".

Wegen ihres / ihrer schönen Fells werden Leoparden gejagt.

Darum gehören sie heute zu den bedrohten Tierarten.

Wenn ihr / sie wirksam geschützt werden sollen, muss der Handel mit ihren Fellen verboten werden. Leoparden leben als Einzelgänger.

Wie Katzen schleichen sie sich an ihre Beutetiere an / aus

und schlagen aus dem Hinterhalt zusammen. / zu.

Beutetiere seid / sind besonders Affen, die der Leopard auch auf Bäumen verfolgt.

Lies dir die Sätze genau durch. Nur den richtigen Satz darfst du ankreuzen.

- Leoparden gefallen zu den Großkatzen. ◯
- Vögel gehören zu den Großkatzen. ◯
- Leoparden gehören zu den Hauskatzen. ◯
- Leoparden gehören zu den Großkatzen. ◯

- Sie leben in Afrika und Asien. ◯
- Sie leiden in Afrika und Asien. ◯
- Sie leben in Amerika und Asien. ◯
- Sie leben in Afrika und Augsburg. ◯

- Leoparden halten ringförmige schwarze Flecken. ◯
- Leoparden haben herzförmige schwarze Flecken. ◯
- Leoparden haben ringförmige schwarze Flecken. ◯
- Leoparden haben ringförmige schwarze Falten. ◯

- Schwarze Leoparden heißen Puma. ◯
- Schwarze Leoparden heißen Panther. ◯
- Schwarze Lamas heißen Panther. ◯
- Schwarze Leoparden hassen Panther. ◯

- Leoparden verfolgen ihre Freunde auch auf Bäumen. ◯
- Leoparden verfolgen ihre Beute auch in Träumen. ◯
- Leoparden verjagen ihre Beute auch von Bäumen. ◯
- Leoparden verfolgen ihre Beute auch auf Bäumen. ◯

- Leoparden helfen, dass die Art ihrer Beutetiere gesund bleibt. ◯
- Leoparden helfen, dass die Angst ihrer Beutetiere gesund bleibt. ◯
- Leoparden hoffen, dass die Art ihrer Beutetiere gesund bleibt. ◯
- Leoparden helfen, dass die Art ihrer Beutetiere krank wird. ◯

Lies dir die Sätze genau durch. Nur den richtigen Satz darfst du ankreuzen.

Leoparden gehören zu den bedrohten Tischratten. ○

Leoparden gehören zu den bedrohten Tierarten. ○

Leoparden gehören zu den beklauten Tierarten. ○

Leoparden gefallen den bedrohten Tierarten. ○

Leoparden lieben Einzelgänger. ○

Leoparden sind Einzelkämpfer. ○

Leoparden sind Einzelgänger. ○

Leoparden helfen Einzelgängern. ○

Die Flecken sind unregelmäßig auf dem gelblichen Fell verteilt ○

Die Flecken sind unregelmäßig auf dem grünen Fell verteilt. ○

Die Flecken sind unregelmäßig auf dem gelblichen Felsen verteilt. ○

Die Fotos sind unregelmäßig auf dem gelblichen Fell verteilt. ○

Sie melden auch Haustiere an. ○

Sie greifen auch Helden an. ○

Sie greifen auch Haustiere an. ○

Sie greifen auch Häuser an. ○

Leoparden verfolgen ihre Freunde. ○

Leoparden verfolgen ihre Beute nicht. ○

Leoparden verjagen ihre Beute. ○

Leoparden verfolgen ihre Beute. ○

Leoparden haben Flecken. ○

Leoparden haben Falten. ○

Löwen haben Flecken. ○

Leoparden hassen Flecken. ○

Klappe die rechte Seite nach hinten oder decke sie ab. Versuche nun die Lücken im Text auszufüllen. Kontrolliere zum Schluss deine Ergebnisse.

Leoparden gehören zu den G____________________.	Großkatzen
Afrika ist ein riesiger K____________________.	Kontinent
Schwarze Leoparden nennt man P____________________.	Panther
Leoparden haben ein gelbliches F____________________.	Fell
Leoparden leben auch im U____________________.	Urwald
Viele Tiere leben im Urwald und in der St____________________.	Steppe
In Afrika leben viele T____________________.	Tiere
Leoparden leben in Afrika und in A____________________.	Asien
Kontinent ist ein anderes Wort für E____________________.	Erdteil
Im Urwald ist es sehr h____________________.	heiß
Pflanzen können im Urwald gut w____________________.	wachsen
In Afrika leben auch K____________________.	Krokodile

Schneide die Text- und Bildkarten aus. Ordne die Fellmuster und die Großkatzen-Beschreibungen den passenden Bildern zu.

Löwen leben in Familienverbänden zusammen. Die Rudel bestehen aus mehreren weiblichen Tieren, den Jungtieren und ein bis zwei Männchen.

Der Jaguar kann sehr gut schwimmen. Er frisst auch gerne Fische und lebt daher in der Nähe von Flussufern.

Der Leopard liegt gern in Bäumen auf einem Ast. Dort ruht er sich gut versteckt im Schatten aus und lauert auch auf seine Beute. Manchmal schleppt er sie sogar auf den Baum hinauf.

Der Gepard ist ein besonders schneller Läufer. Aber er kann nur kurze Strecken so schnell laufen.

ohne Flecken

ringförmige schwarze Flecken

runde einzelne schwarze Flecken

schwarze Flecken in Form einer Rosette

© Shutterstock/Sue Green

© Shutterstock/Stephen Meese

© Shutterstock/photobar

© Shutterstock/Denise Thompson

Wie heißt das schwerste Säugetier der Welt? ______________________

Welches ist das größte Säugetier der Welt? ______________________

Welches Tier kann am schnellsten laufen? ______________________

Welches Tier macht am meisten Lärm? ______________________

Lies den folgenden Text und kontrolliere deine Antworten. So siehst du, wo du neue Informationen erhalten hast.

Tierische Rekorde

Das Wort Rekord kommt von dem lateinischen Wort recordari, was so viel heißt wie sich erinnern oder sich merken. Wir kennen verschiedene Rekorde oder haben schon einmal von ihnen gehört, aber kennst du dich denn auch bei Tier-Rekorden aus? In jeder Tiergruppe gibt es irgendeine Art, die den Rekord an Höhe, Länge oder Gewicht hält.

Der Afrikanische Elefant zum Beispiel ist das größte Landsäugetier der Welt. Seine Schulterhöhe beträgt bis zu vier Meter und ein ausgewachsener Elefantenbulle wiegt zwischen fünf und sechs Tonnen. Um sich mit Energie zu versorgen verschlingt er ca. 160 kg Nahrung am Tag.

Den Rekord im Schnell-Laufen hält der Gepard. Die Raubkatze lebt in den Savannen Afrikas. Wenn der Gepard ein Opfer ins Visier genommen hat, kann er bis zu 120 km/h schnell sprinten.

Die Giraffe schafft den Rekord des höchsten Säugetieres. Über fünf Meter ragt die Giraffe dank ihres Halses in die Höhe. Dies ermöglicht es ihr auch, Blätter hoher Bäume zu fressen.

Das lauteste Tier der Welt und somit das, das am meisten Lärm verursacht, ist der Pistolenkrebs. Die Krebse leben in den Korallenriffen der Karibik. Sie können mit ihren beiden Scheren ein sehr lautes Geräusch erzeugen. Blitzschnell stoßen sie einen Wasserstrahl aus, der eine Blase bildet. Diese implodiert mit einem lauten Knall.

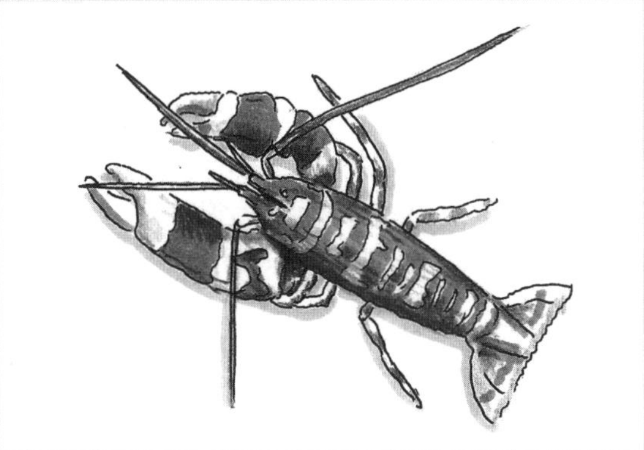

Lies dir die Wissenskarten durch. Schneide das passende Bild von Blatt 5 aus und klebe es auf die Wissenskarte.

Aussehen:
Die **Küstenseeschwalbe** ist etwa 40 Zentimeter groß und wiegt zwischen 90 und 130 Gramm. Das gesamte Gefieder ist grau-weiß. Nur während der Paarungszeit ist die Kopfoberseite schwarz gefärbt. Der Schnabel der Küstenseeschwalbe ist tiefrot gefärbt und sie hat sehr lange Schwanzfedern. Küstenseeschwalben können bis zu 30 Jahre alt werden.

Besonderheit:
Die Küstenseeschwalbe fliegt auf ihrer Wanderung einmal um die ganze Erde. Sie brütet in der Arktis und fliegt zum Überwintern in die Antarktis. Die gesamte Wanderstrecke beträgt etwa 35.000 bis 40.000 Kilometer.

Aussehen:
Der **Andenkondor** wiegt ca. 12 kg und kann bis zu 40 Jahren alt werden. Wie die meisten Geier hat er einen kahlen Kopf und Hals. Das Männchen hat einen weißen Federkragen und schwarz-weiße Flügel.

Besonderheit:
Mit einer Flügelspannweite von 3,20 Metern ist der Andenkondor nicht nur der größte Geier, sondern auch der Vogel mit der größten Flügelspannweite der Welt.

Aussehen:
Flöhe sind Insekten. Ihr Körper ist 1–8 mm lang und meist braun. Sie besitzen drei Beinpaare. Das dritte Beinpaar ist als sogenanntes Sprungbein ausgebildet.

Besonderheit:
Der Floh kann 150-mal höher springen, als er selbst groß ist. Könnte der Mensch das, müsste er mit einem Satz über einen riesigen Kirchturm springen.

Lies dir die Wissenskarten durch. Schneide das passende Bild von Blatt 5 aus und klebe es auf die Wissenskarte.

Aussehen:
Asiatische **Elefanten** werden bis zu drei Meter hoch und messen vom Kopf bis zum Schwanz sechs Meter. An den Vorderfüßen besitzen sie meistens fünf, an den Hinterfüßen vier Zehen.

Besonderheit:
Der Elefant ist das schwerste Landlebewesen. Der schwerste Elefant, den Forscher jemals gewogen haben, war 12 Tonnen schwer. Das entspricht einem Gewicht von 12 Autos.

Aussehen:
Giraffen haben ein recht ungewöhnliches Aussehen:
Sie besitzen vier sehr lange Beine und haben von allen Säugetieren den längsten Hals. Er besteht, wie bei den meisten Säugetieren, aus sieben Halswirbeln. Diese sind aber jeweils gut 40 Zentimeter lang und werden von sehr starken Halsmuskeln gestützt.

Besonderheit:
Giraffen können bis zu 5,80 Meter groß werden. Sie sind damit die höchsten Tiere der Welt.

Aussehen:
Ein erwachsener **Blauwal** ist ca. 25 m lang. Er ist sehr lang und schlank, sein Kopf und das Maul sind sehr langgestreckt. Allein die Zunge des Blauwals ist so schwer wie ein Elefant. Der Körper ist blaugrau mit kleinen hellen Flecken.

Besonderheit:
Der Blauwal ist das schwerste Tier, das jemals unseren Planeten bewohnt hat. Er wiegt bis zu 190 Tonnen.

Lies dir die Wissenskarten durch. Schneide das passende Bild von Blatt 5 aus und klebe es auf die Wissenskarte.

Aussehen:
Stubenfliegen leben nur 16 bis 24 Tage. Erwachsene Stubenfliegen sind fünf bis acht Millimeter lang, ihr Körper ist grau und hat vier Längsstreifen. Der Körper ist komplett mit Haaren bedeckt.

Besonderheit:
Mit bis zu 5,6 Milliarden im Jahr hält die Stubenfliege den Rekord für die meisten Nachkommen.

Aussehen:
Der **Pottwal** ist dunkelgrau bis dunkelbraun gefärbt mit einem hellgrauen Fleck am Bauch. Die Haut ist meist faltig und kann bei älteren Männchen besonders im Kopfbereich viele Narben aufweisen. Der Pottwal hat ein Blasloch.

Besonderheit:
Ein Pottwal kann bis 3000 m tief in den Ozean hinabtauchen. Ein Mensch schafft gerade einmal 60 m.

Aussehen:
Der **Riesenschwamm** kann bis zu 2 m groß werden. Er lebt auf dem Meeresgrund in der Antarktis.

Besonderheit:
Der Riesenschwamm ist mit 10.000 Jahren das älteste Tier der Welt.

Lies dir die Wissenskarten durch. Schneide das passende Bild von Blatt 5 aus und klebe es auf die Wissenskarte.

Aussehen:
Wanderfalken haben einen grauen Rücken. Nacken und Kopf sind schwärzlich-grau und von der hellen Kehle und weißlichen Wange hebt sich deutlich der breite, schwarze Bartstreifen ab.

Besonderheit:
Der Wanderfalke hält den Geschwindigkeitsrekord unter den Vögeln. Im Sturzflug wurden schon 184 Kilometer pro Stunde gemessen.

Aussehen:
Unverwechselbares Kennzeichen ist die große, segelartige erste Rückenflosse. Meist erreichen sie Längen von etwa 2,5 Meter.

Besonderheit:
Der pazifische **Segelfisch** ist mit einer Geschwindigkeit von 109 km in der Stunde der Rekordhalter unter den Fischen.

Aussehen:
Faultiere sind in den Bäumen, auf denen sie ständig leben, gut getarnt. Mit ihren großen gebogenen Krallen verankern sich die Faultiere in den Zweigen.

Besonderheit:
Das Faultier ist das langsamste Säugetier der Welt. Am Boden schafft es 120 Meter in der Stunde.

© Fotolia/mdalla

© Fotolia/stephan kerkofs

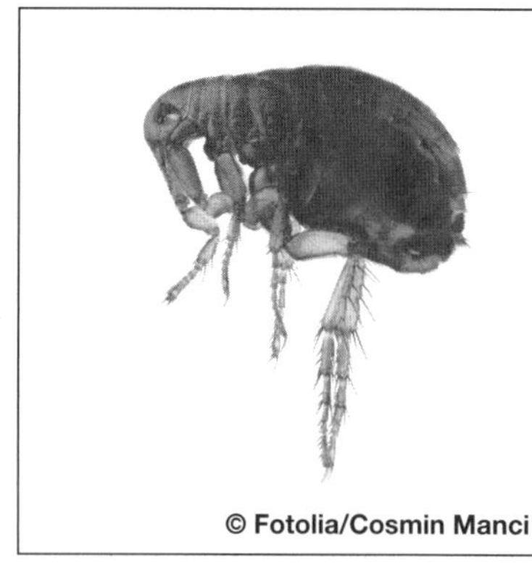
© Fotolia/Cosmin Manci

© Shutterstock/holbox

© Fotolia/guy

© Fotolia/Michael Rosskothen

© Fotolia/mattiaath

© Fotolia/S. Külcü

© Fotolia/XK

© Shutterstock/Michael Rosskothen

© Fotolia/cowboy5437

© Fotolia/hotshotsworldwide

Mein Rekorde-Buch

Die Vorlage für das Tierrekorde-Buch kannst du mit den Tieren füllen, die dir am besten gefallen.
Das musst du tun:

- *Schneide und falte die Vorlage zum Buch.*
- *Suche im Internet oder in Zeitschriften nach Bildern deiner Lieblingstiere. Drucke oder schneide die Bilder aus. Du kannst auch selbst ein Bild malen.*
- *Schreibe den Namen des Tieres als Überschrift, klebe das Bild darunter.*
- *Schreibe auf, welchen Rekord das Tier hält.*

Tierrekorde

Dieses Buch gehört: ______

Name: ______

Besonderheit

Name: ______

Besonderheit

Name: ______

Besonderheit

Name: ______

Besonderheit

Name: ______

Besonderheit

Name: ______

Besonderheit

Tutanchamun – der Kinder-Pharao

© akg-images

Der englische Schatzjäger Howard Carter fand im Jahr 1922 das Grab des Kinder-Pharao Tutanchamun. Durch diesen Fund wurde er als Held gefeiert. Aber jetzt kommt doch heraus, dass Carter wohl nicht ganz ehrlich war und einen Teil des Schatzes für sich behalten hat.

Der englische Schatzjäger hatte wenig Lust auf Schule, er nahm sich schon früh vor, den Schatz des Tutanchamun finden. Carter studierte alte Karten und las schon ergraute Dokumente. Er war sich sicher: In einem bestimmten Bereich im Tal der Könige musste das Grab zu finden sein. Trotz mancher Misserfolge ließ er sich nicht entmutigen und fuhr mit seinen Ausgrabungen fort. Endlich, am 26. November 1922 war es soweit. Eine vermauerte und versiegelte Tür stand vor ihm – der Eingang zum Grab des Kinder-Pharaos.

Im Grab fand er mit Juwelen besetzte Dolche, Schwerter, goldene Ringe und allerhand Schmuck. Der Sarg des Pharaos war aus purem Gold und wog über 110 Kilogramm. Das war eine Sensation! Nie zuvor hat man ein so prachtvolles Grab gefunden. Immer waren die Grabräuber, also Diebe, schneller gewesen und hatten alles Wertvolle mitgenommen. Außerdem gab es unter den Überresten eine Menge Nahrungsmittel. Es fanden sich Entenbrüste, Gänsekeulen, Honig, Zwiebeln und jede Menge Brot. Diese hatte man dem Pharao mitgegeben, damit er im Jenseits keinen Hunger bekäme.

© Fotolia/Christopher Dodge

Wem gehört nun der Schatz den Howard Carter fand? Das Grab befand sich in Ägypten, aber Carter, ein Engländer, hatte es entdeckt. Schon bald gab es zwischen Ägypten und England Streit. Jedes Land wollte die Beute für sich. Der Schatzjäger war am Ende so wütend, dass er einfach zugriff. Mal klaute er einen goldenen Ring, mal ein kleines bronzenes Pferdchen. Seine Freunde und Verwandten verkauften diese wertvollen Dinge später an Museen. Dort sind sie jetzt aufgetaucht.

Experten glauben, der Schatzjäger wollte alle Schätze nach England oder Amerika schaffen und dort für viel Geld an Museen verkaufen. Doch der Plan misslang. Tutanchamuns Schätze blieben in Ägypten. Heute kann man im ägyptischen Museum in der Hauptstadt Kairo den atemberaubenden Schatz bewundern .

Text nach „dein SPIEGEL" S. 33-37; Ausgabe Nr. 2/2010

Lies dir die Sätze genau durch. Nur den richtigen Satz darfst du ankreuzen.

Der Schatzjäger halte wenig Lust auf die Schule. ○

Der Schatzjäger hasse wenig Lust auf die Schule. ○

Der Schatzjäger hatte wenig Lust auf den Schule. ○

Der Schatzjäger hatte wenig Lust auf die Schule. ○

Er las Karten und sehr alte, schön ergraute Dokumente. ○

Er las Karten und sehr alte, schon ergraute Dokumente. ○

Er laut Karten und sehr alte, schon ergraute Dokumente. ○

Er las Karten bunt sehr alte, schon ergraute Dokumente. ○

Er war sich Sichel, im Tal der Könige musste ein Grab zu finden sein. ○

Er war sich sicher, im Tal der Könige musste ein Raub zu finden sein. ○

Er war sich sicher, im Tal der Könige musste ein Grab zu finden sein. ○

Er will sich sicher, im Tal der Könige musste ein Grab zu finden sein. ○

Howard Carter stand vor einer vermauerten und versiegelten Tür. ○

Howard Carter stand für einer vermauerten und versiegelten Tür. ○

Howard Carter Band vor einer vermauerten und versiegelten Tür. ○

Howard Carter stand vor Eimer vermauerten und versiegelten Tür. ○

Er konnte es nicht fassen, denn der Eingang stand vor ihm. ○

Er könnte es nicht fassen, denn der Eingang stand vor ihm. ○

Er konnte es nicht hassen, denn der Eingang stand vor ihm. ○

Er konnte es nicht fassen, denn Bär Eingang stand vor ihm. ○

Er band dort mit Juwelen besetzte Dolche, Schwerter und Lebensmittel. ○

Er fand dort mit Juwelen besetzte Dolche, Schwerter und Lebensmittel. ○

Er fand dort mit Juwelen besetzte Molche, Schwerter und Lebensmittel. ○

Er fand dort mit Juwelen besetzte Dolche, Schwerter und Lebensraum. ○

Lies dir die Sätze genau durch. Nur den richtigen Satz darfst du ankreuzen.

- Viele Gräber wurden von Räubern und Dieben gefährlich. ◯
- Viele Gräber wurden von Rechen und Dieben geplündert. ◯
- Viele Gräber wurden von Räubern und Dieben geplündert. ◯
- Viele Gruben wurden von Räubern und Dieben geplündert. ◯

- Jetzt war die große Plage, wem der Schatz der Pharaonen gehöre. ◯
- Jetzt war die große Frage, wem der Schatz der Pfarrer gehöre. ◯
- Jetzt war die große Frage, wem der Schatz der Pharaonen gehöre. ◯
- Jetzt war die große Frage, wem das Schwein der Pharaonen gehöre. ◯

- In Ägypten finden sich noch immer wertvolle Mücke einer alten Zeit. ◯
- In Ägypten finden sich noch immer wertvolle Stücke einer alten weit. ◯
- In Ägypten finden sich noch immer wertvolle Stücke einer alten Zeit. ◯
- In Ägypten finden dich noch immer wertvolle Stücke einer alten Zeit. ◯

- Es ist verstellbar, dass der Pharao bei den Menschen sehr beliebt war. ◯
- Es ist vorstellbar, dass du Pharao bei den Menschen sehr beliebt war. ◯
- Es ist vorstellbar, dass der Pharao bei den Menschen sehr verliebt war. ◯
- Es ist vorstellbar, dass der Pharao bei den Menschen sehr beliebt war. ◯

- Im Museum kann man einen ganzen Traum voller Mumien bewundern. ◯
- Im Museum kann man einen ganzen Raum voller Mumien bewundern. ◯
- Im Museum kann man einen Lanzen Raum voller Mumien bewundern. ◯
- Im Museum kann man einen ganzen Raum Roller Mumien bewundern. ◯

- Die alten Ägypter ziehen auch heute doch viele Menschen an. ◯
- Die alten Ägypter zielen auch heute noch viele Menschen an. ◯
- Die alten Ägypter ziehen auch heute noch viele Menschen an. ◯
- Die kalten Ägypter ziehen auch heute noch viele Menschen an. ◯

Das ägyptische Reich – mehr als 3000 Jahre Geschichte

Bis ca. 2707 vor Christus (Frühzeit) siedelten sich am Nil Nomaden an, die mit Ackerbau und Viehzucht ihren Alltag bestritten. Ober- und Unterägypten schlossen sich zusammen. Außerdem entstand noch früher, nämlich um ca. 3500 vor Christus, die erste Schrift der Menschheit, die Hieroglyphen.

Um ca. 2707-2010 vor Christus beherrschten Pharaonen das Leben in Ober- und Unterägypten. In diesem Zeitraum, den man auch „Altes Reich" nennt, wurden die Pyramiden gebaut. Sie wurden als grandiose Grabmäler zu Ehren verschiedener Pharaonen errichtet, z. B. für Cheops.

2170 bis 2020 vor Christus zerfiel Ägypten in einzelne Fürstentümer. In dieser 1. Zwischenzeit des ägyptischen Reiches entstanden viele neue Waffentechniken. Das Reich wurde von vielen verschiedenen Königen regiert, bis Mentuhotep die Herrschaft übernahm und Ägypten wieder vereinte.

Im Mittleren Reich, 2020 bis 1794 vor Christus, regierte nur ein Pharao Ägypten. Sein Name war Sesostris II. Die neue Hauptstadt Ägyptens hieß von nun an Theben. Das Land wurde durch Handel und Kunst sehr reich. Da Ägypten Teile Nubiens eroberte, kamen Luxusgüter und Elfenbein ins Land.

Von ca. 1794 bis 1550 vor Christus kamen Fremde aus dem Nahen Osten ins Reich und übernahmen die Herrschaft. Die neuen Herrscher waren die sogenannten Hyksoskönige.

In der Zeit von 1550 bis 1070 vor Christus spricht man vom Neuen Reich. Pharaonen wie Tutanchamun, Ramses der Große und Echnaton herrschten in Ägypten. Riesige Tempel wurden gebaut, z. B. Abu Simbel. Da Ägypten sehr reich war, zog das Land viele Feinde an. Die Pharaonen wurden im „Tal der Könige" beigesetzt.

Von ca. 1070 bis 746 vor Christus beherrschten Chaos und Kriege Ägypten. Dadurch konnten etliche Grabjäger in Ruhe Diebstahl begehen, indem sie nach den königlichen Schätzen im Tal der Könige suchten. In dieser Zeit regierten mehrere Fürsten gleichzeitig das Land.

Von ca. 746 vor Christus bis 313 befreite Alexander der Große Ägypten von der persischen Herrschaft. Er gründete die Stadt Alexandria. Nach seinem Tod 323 vor Christus teilten sich ptolemäersche Herrscher die eroberten Reiche. Von 51 bis 30 vor Christus war Cleopatra die letzte ägyptische Herrscherin, bevor die Römer an die Macht kamen und das ägyptische Reich ausklang.

Altes Ägypten | Überschriften zuordnen | Thema 8 Ⓩ

Ordne die Überschriften den Textabschnitten zu.

Frühzeit	→ Zeile: ______
Erste Zwischenzeit	→ Zeile: ______
Mittleres Reich	→ Zeile: ______
Spätzeit und Ausklang	→ Zeile: ______
Zweite Zwischenzeit	→ Zeile: ______
Altes Reich	→ Zeile: ______
Neues Reich	→ Zeile: ______
Dritte Zwischenzeit	→ Zeile: ______

Altes Ägypten | Stichworte festhalten | Thema 8

Schreibe zu jeder Jahreszahl ein Ereignis auf, das du für wichtig hältst.

Zeittafel
3500 vor Christus: ______

Zu Besuch im Pharaonenland

Peter, 5.Klasse in Kempten

Meine Eltern hatten mir nicht verraten, wohin es in den Osterferien ging. Also fuhr ich gespannt zum Münchner Flughafen. An einer Tafel konnte ich zum ersten Mal unser Ziel lesen: HURGHADA. Nach vier Stunden Flug war ich einem völlig anderen Land, nämlich in Ägypten. أهلاً وسهلاً stand auf einem großen Schild. Wie wir später erfuhren, heißt das „Herzlich Willkommen“ auf Arabisch.

Ein freundlicher Angestellter unseres Hotels holte uns am Ausgang des Flughafens ab. Das Hotel war wie im Paradies: Viele kleine orientalische Türmchen und sehr nobel. Sollten meine Eltern doch allein das Zimmer einräumen, ich war schon mal im großen Pool. Herrliches Wasser und schön warm.

Am nächsten Tag unternahm ich mit meinem Vater eine Schnorcheltour im Roten Meer. Große gelbe, blaue und rote Fische, zum Greifen nahe, schwammen zwischen den Korallen umher. „Leider gibt es einige doofe Touristen“, erklärte unser Bootsführer „die die Korallen abrechen und sie so zerstören!“ Besonders toll war ein Clownfisch mit seinem Kleinen. Das war wie bei „Findet Nemo“.

© Fotolia/Martin Lehotkay

Sehr interessant war auch unser Ausflug ins Tal der Könige. Am Rande der Wüste im Landesinneren haben die alten Ägypter ihre Könige, die Pharaonen, begraben. Hier hat man auch das prunkvolle Grab des Tutanchamun gefunden.

Das hat mir gut gefallen. Man muss bedenken, dass die Gräber schon 3000 bis 4000 Jahre alt sind. Da gab es keine Bagger, um die Ruhestätten zu bauen. Das war bestimmt sehr mühevoll.

Leider war die Woche in Ägypten sehr schnell vorbei. Aber ich habe viele schöne Eindrücke von einem ganz anderen Land gewonnen. Am meisten wird mir das Essen im Hotel fehlen. Die arabische Küche ist sehr lecker und man muss nicht den Tisch abräumen, wie zu Hause.

Diese Übung hilft dir beim vorausschauenden Lesen. Versuche den Text zu lesen und bei den Pfeilen jeweils das Wort am rechten Rand zu lesen. Du kannst den Text auch deinem Partner vorlesen.

Der Fluch des Tutanchamun

Der Tod soll den mit seinen Schwingen erschlagen, der die Ruhe des Pharao stört!

Diesen Fluch soll Howard Carter auf einer → Tontafel in Tutanchamuns	kleinen
Grab gefunden haben. Als Lord Carnarvon, der → von Howard Carter,	Geldgeber
die Nachricht bekam, reiste er sofort nach Ägypten. Gemeinsam öffneten	
Carter und Lord Carnarvon das → .	Pharaonengrab
In der Stunde, in der das Siegel des Grabes gebrochen wurde,	
tötete eine Schlange den Kanarienvogel Howard Carters. Die	
Schlange galt als Beschützer des → . Die Arbeiter deuteten den	Pharao
Vorfall als böses Omen und fürchteten, dass dies erst der Anfang	
wäre. Als Lord Carnarvon an diesem Tag aus dem → kam, wurde	Grab
er von einem Moskito in den Hals gestochen. Am Tag darauf	
schnitt er sich beim → den Moskitostich auf. Eine Blutvergiftung war	Rasieren
die Folge. Wenig später zog sich Lord Carnarvon eine Lungenentzündung	
zu, an der er starb.	
1924 starb ein → eines Pariser Museums, am selben Tag, an dem	Mitarbeiter
er zum ersten Mal das Grab betrat. Noch etliche weitere Menschen,	
die das Grab besucht hatten oder die mit der Mumie Tutanchamuns	
in → gekommen waren, starben kurze Zeit später.	Berührung
Wie war dies möglich? Befand sich im Grab des Pharaos ein Gift?	
In der Luft fand man winzige Teile von Schimmelpilz. Aber neuere →	Forschungen
sagen, dass die angeblich verfluchten Personen auch schon sehr	
alt waren, als sie starben. Wenn es also einen → des Pharaos gab,	Fluch
dann hat er das Leben der Opfer nicht verkürzt, sondern verlängert.	

Was tun, wenn‘s brennt?

Bei der Rettung von Personen aus brennenden Wohnungen kommt es auf jede Sekunde an. Ich habe selber erlebt, dass wenige Sekunden nach der Rettung eines Kindes die Decke direkt über dem Kinderbett einstürzte. Es ist unbedingt notwendig zu wissen, wie man einen Brand oder andere Notsituationen meldet, ohne dabei unnötige Sekunden oder Minuten zu verlieren. Grundsätzlich kann man von jedem Telefon kostenlos den Notruf 112 anrufen. Jedes Handy funktioniert beim Notruf auch ohne Karte oder Geldguthaben. Wenn man kein Telefon hat, kann man sich an jeden Erwachsenen wenden. Wenn keine Erwachsenen in der Nähe sind, sollte man laut um Hilfe rufen.

Im Einsatzleitzentrum, in dem der Notruf eingeht, sitzen 24 Stunden am Tag bis zu fünf erfahrene Feuerwehrmänner, die den Notruf entgegen nehmen. Um unnötige Rückfragen zu ersparen, solltest du Folgendes beachten und mitteilen. Schnelles, aufgeregtes oder undeutliches Sprechen führt dazu, dass man dich nicht versteht und erneut fragen muss. Deshalb ruhig, deutlich und langsam sprechen. Das ist sehr schwierig, wenn man aufgeregt ist. Nenne deinen vollständigen Namen. Schildere in kurzen Sätzen die Situation. Zum Beispiel: „Es kommt Rauch aus einem Fenster der zweiten Etage“. Oder: „Es gab einen Verkehrsunfall mit zwei Autos und einem Fahrrad“. Dann nenne die Straße und die Hausnummer. Gib zusätzlich Straßen an, die in der Nähe sind. Bekannte Gebäude oder Objekte z.B. Tankstellen, Türme, Kirchen können helfen, wenn du den Straßennamen oder die Hausnummer nicht weißt. Wenn du erkennst, dass Personen um Hilfe rufen oder verletzt sind, dann teile es mit. Beende den Notruf erst, wenn du dazu aufgefordert wirst. Unter Umständen hat der Feuerwehrmann noch Fragen. Zum Schluss begib dich nach dem Notruf an eine Stelle, wo du die ankommende Feuerwehr siehst. Bei Bedarf weise sie ein. Aber spring nicht auf die Straße, sondern mache durch Winken auf dich aufmerksam.

Der Notruf 112 ist da, um schnell Hilfe zu bekommen. Scherze und bewusste falsche Meldungen können dazu führen, dass notwenige Hilfemaßnahmen an anderer Stelle zu spät kommen. Also gehe mit dem Notruf 112 verantwortungsbewusst um.

Was musst du tun, wenn's brennt? Formuliere aus dem Text einen Spickzettel. Schreibe keine ganzen Sätze auf, sondern halte nur Stichpunkte fest.

Das muss ich tun, wenn's brennt:

Lies dir die Textkarten durch. Zu jeder Karte gehört ein Bild und eine Bildunterschrift. Schneide alle Teile aus und klebe jeweils die zusammengehörenden Textkarte, das Bild und die Bildunterschrift auf eine große Karteikarte (DIN A6)

Grundausrüstung

Der Helm mit Nackenschutz bietet Schutz vor herabfallenden Trümmern, Funken und Wasser. Die Helmlampe sorgt für eine gute Sicht in der Nacht. Der Schutzanzug mit Reflektoren bietet eine bessere Sichtbarkeit bei Tag und Nacht. Die Füße werden durch Stiefel mit Stahlkappe und trittsicherer Sohle geschützt. Neben Feuerwehrhandschuhen hat jeder Feuerwehrmann auch Schutzhandschuhe aus Latex bei sich, um sich vor ansteckenden Krankheiten zu bewahren.

Überjacke mit Atemschutzgerät

Die Überjacke und die Flammschutzhaube schützen die Haut vor Verbrennungen. Das Atemschutzgerät verhindert, dass giftiger Rauch in die Lunge oder in die Augen gelangt.

Insektenschutzanzug

Durch den Spezialstoff dieses Anzuges kann kein Insekt schlüpfen oder durchstechen. Das feine Netz rund um das Gesicht verhindert einen Kontakt mit den Insekten.

Chemieschutzanzug

Durch diesen Anzug ist der Feuerwehrmann vor direktem Kontakt mit Giftstoffen geschützt. Durch das Atemschutzgerät wird er mit Luft versorgt. Nach dem Einsatz muss dieser Anzug besonders gereinigt werden, damit alle Schadstoffe beseitigt werden.

Lies dir die Textkarten durch. Zu jeder Karte gehört ein Bild und eine Bildunterschrift. Schneide alle Teile aus und klebe jeweils die zusammengehörenden Textkarte, das Bild und die Bildunterschrift auf eine große Karteikarte (DIN A6)

Hitzeschutzanzug

Die silberne Haut des Hitzeschutzanzuges reflektiert die Strahlungswärme. So kann der Feuerwehrmann ganz nahe ans Feuer gehen, ohne sich zu verbrennen. Ein Atemschutzgerät ist zusätzlich erforderlich, damit er keinen giftigen Rauch einatmet.

Überlebensanzug

Mit einem Überlebensanzug können Feuerwehrleute ohne Problem ins Eiswasser gehen, ohne krank zu werden. So können ins Eis eingebrochene Personen aus dem kalten Wasser gerettet werden. Mit einem Überlebensanzug kann man außerdem nicht untergehen.

Dienstanzug

Bei öffentlichen Auftritten kleidet sich der Feuerwehrmann mit seinem Dienstanzug. Neben einem Ärmelabzeichen der jeweiligen Feuerwehr finden sich am Anzug auch verschiedene Abzeichen von Leistungsprüfungen und Lehrgängen.

Lies dir die Textkarten durch. Zu jeder Karte gehört ein Bild und eine Bildunterschrift. Schneide alle Teile aus und klebe jeweils die zusammengehörenden Textkarte, das Bild und die Bildunterschrift auf eine große Karteikarte (DIN A6)

Lies dir die Textkarten durch. Zu jeder Karte gehört ein Bild und eine Bildunterschrift. Schneide alle Teile aus und klebe jeweils die zusammengehörenden Textkarte, das Bild und die Bildunterschrift auf eine große Karteikarte (DIN A6)

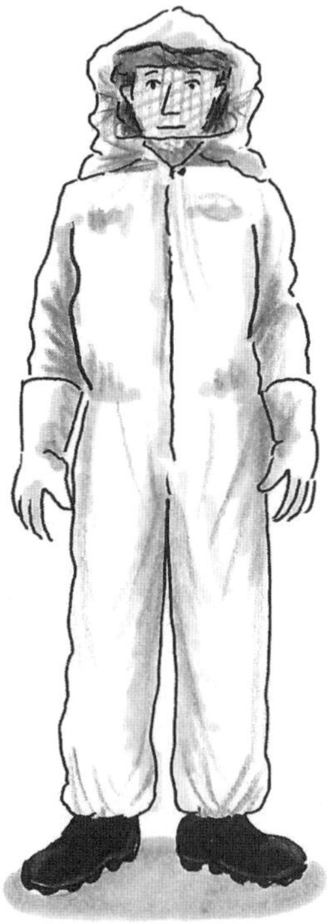

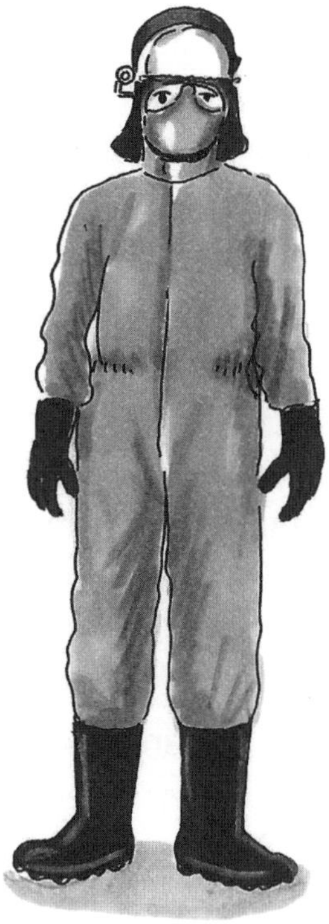

Bei Festen und Veranstaltungen

Bei der Wasserrettung im Winter

Beim Umgang mit gefährlichen Stoffen

Bei gefährlichen Insekten

Bei der Nähe zum Feuer

Beim Löscheinsatz

Bei technischer Hilfeleistung

Abenteuer Feuerwehr

Noah, 12 Jahre, Jugendfeuerwehr Allgäu

Ich wohne seit einem Jahr in Kempten. Für mich war es nicht leicht, als meine Eltern verkündeten, dass wir umziehen müssen. Mein Vater arbeitet bei der Bundeswehr und wurde jetzt ins Allgäu versetzt – und wir gleich mit. Schon wieder eine fremde Stadt und eine neue Schule. Am ersten Tag habe ich in meiner neuen Klasse Felix kennen gelernt. Wir haben festgestellt, dass wir vieles gemeinsam haben. Felix ist wirklich ein guter Freund geworden. Irgendwann hat er mich eingeladen, mal mit zur Feuerwehr in Kempten zu kommen. Und seitdem bin ich dabei und habe viele nette Jugendliche kennen gelernt.

Endlich war es wieder soweit. Ein tolles Wochenende mit der Feuerwehr stand bevor. Dieses Mal wollten wir ein ganzes Wochenende zum Zelten gehen. Das waren meine ersten Nächte in einem Zelt. Leider regnete es schon den ganzen Freitagmorgen. Felix meinte: „Es gibt kein schlechtes Wetter, es gibt nur schlechte Kleidung!“ Im strömenden Regen bauten wir unsere Zelte auf. Besonders lustig war es, als Thomas, unser Jugendleiter, ausrutschte und auf seinem Hintern im Schlamm saß. Wir alle mussten sehr lachen. Nach dem Abendessen hörte der Regen auf, wir spielten Karten und wärmten uns am Lagerfeuer.

Am Samstag stand eine Feuerwehrübung auf dem Tagesplan. Wir sollten lernen, wie man eine verletzte Person (in unserem Fall eine Puppe) aus einem schwer zugänglichen Gelände rettet. Das Feuerwehrfahrzeug konnte nur 200 m nah heran fahren. So mussten alle Geräte über einen kleinen Pfad zur Übungsstelle getragen werden. Am „Unglücksort“ angekommen, lernten wir wie man Erste Hilfe leistet. Dann wurde die Puppe auf einer Trage fixiert und wir alle mussten anpacken, um sie über Leitern den Hang hinauf zu schleppen. Der Jugendleiter gratulierte uns zu unserer gelungenen Übung.

Am frühen Nachmittag stärkten wir uns erst mal im Zeltlager. Auch die Sonne kam zum Vorschein und es wurde richtig heiß. So konnten wir mit Traktorreifen im nahen Bach ein Wettrennen veranstalten. Es machte sehr viel Spaß, obwohl ich einmal mit meinem Reifen voll in die Brennnessel getrieben bin.

Am Abend bekamen wir in Gruppen jeweils eine Kiste Lebensmittel und mussten daraus ein Menü kochen. Es entstanden vier unterschiedliche Gerichte. Alle Gruppen testeten das Essen der anderen. Wir haben gewonnen. Thomas überreichte unserer Gruppe drei goldene Kochlöffel.

Am Sonntag bauten wir alles wieder ab und verstauten es im Feuerwehrwagen. Das war ein super Wochenende. Leider spürte ich auch danach noch meine Brennnesselstiche am Arm. Aber Felix sagte lachend: „Das ist gesund und fördert die Durchblutung!“

Finde Überschriften!

Die Zeilenangaben helfen dir passende Überschriften zu finden.

______________________ → Zeile: 3 bis 9

______________________ → Zeile: 10 bis 17

______________________ → Zeile: 18 bis 25

______________________ → Zeile: 26 bis 29

______________________ → Zeile: 30 bis 33

______________________ → Zeile: 34 bis 37

Der Schutzpatron der Feuerwehr

Vor 1700 Jahren gab es einen römischen Beamten, Florian, der ein überzeugter Christ geworden war. Aber das war im römischen Reich nicht so einfach, denn er sollte die römischen Götter verehren. Florian aber weigerte sich, andere Götter anzubeten. Darauf wurde ihm gekündigt und auch seine Rente wurde gestrichen. Als Florian von einem Prozess gegen Christen hörte, reiste er dorthin, um den Leuten zu helfen. Der Bürgermeister ließ alle Christen gefangen nehmen. So wurde auch Florian der Prozess gemacht und man verurteilte ihn zum Tode. Er musste also wegen seines Glaubens sterben. Später wurde Florian deshalb heilig gesprochen und eine Kirche wurde an seinem Grab errichtet.

Aber warum ist er der Schutzpatron der Feuerwehr? Der heilige Florian kämpfte einfach so tapfer für seine Sache, obwohl er wusste, dass er dabei sterben konnte. Die Feuerwehrleute ziehen auch immer wieder los, um große Feuer zu löschen, und dabei riskieren sie oft ihr Leben. Der Heilige Florian soll sie bei jedem Einsatz beschützen und wieder heil nach Hause bringen.

© Fotolia/zatletic

Kannst du die angegebenen Wörter an den passenden Stellen einfügen?

1. Die ersten Menschen konnten das ______________ nicht beherrschen. 2. Die ______________ über das Feuer war sehr wichtig für die Entwicklung des Menschen. 3. Feuer bot Schutz vor ______________ Tieren. 4. Es wärmte die Menschen im ______________.	**wilden, Winter, Feuer, Kontrolle**
1. Auch konnte man nun mit Feuer Lebensmittel ______________ machen. 2. ______________ hatten die Menschen in den Höhlen Licht. 3. Auch ______________ veränderten sich mit dem Feuer. 4. Mithilfe von Feuersteinen konnte man Feuer ______________.	**Speisen, plötzlich, haltbar, mitnehmen**

1. Heute ist Feuer nicht mehr ______________ wichtig wie früher. 2. Trotzdem gehört das Feuer zu unserem ______________ Leben dazu. 3. Die ______________ des Gasherds kocht unsere Nudeln. 4. Besonders an Weihnachten brennen viele ______________.	**Kerzen, Flamme, so, modernen**
1. Leider kommt es heutzutage immer noch zu ______________. 2. Bei einem Gewitter kann durch einen Blitz ein Haus ______________. 3. Eine ______________ Zigarette löst manchmal eine Katastrophe aus. 4. Oft reicht ein kleiner Funke, um einen Riesenbrand ______________.	**auszulösen, Bränden, brennen, vergessene**
1. Immer noch ______________ viele Menschen durch das Feuer. 2. In vielen Ländern entstehen im Sommer ______________ Waldbrände. 3. In jeden Haushalt gehört ein ______________. 4. Eine gute Feuerwehr kann viele Menschen ______________.	**große, retten, Feuerlöscher, sterben**

Arbeite zusammen mit deinem Partner. Schneidet die Bingokarten ab. Jeder bekommt eine Karte. Lass dir von deinem Partner die folgenden Sätze in beliebiger Reihenfolge vorlesen. Markiere die Felder, deren Sätze vorgelesen wurden. Sobald du drei Kreuze in einer Reihe hast, wird gestoppt. Wechselt die Rollen. Wer hat am schnellsten drei Kreuze in einer Reihe?

Rauch ist gefährlicher als Feuer.

Durch den Rauch kann man eine Vergiftung bekommen.

Im Rauch sind Plastikdämpfe und andere giftige Stoffe enthalten.

Der Rauch versperrt oft mögliche Fluchtwege.

Rauch ist auch dort, wo kein Feuer ist.

Der Rauch behindert die Feuerwehrleute bei der Rettung.

Rauch macht auch orientierungslos.

Bei Rauch sollte man am Boden kriechen.

Gegen den Rauch haben die Feuerwehrmänner Masken.

Rauch ist gefährlicher als Feuer.	Der Rauch versperrt oft mögliche Fluchtwege.	Gegen den Rauch haben die Feuerwehr-männer Masken.
Im Rauch sind Plastikdämpfe und andere giftige Stoffe enthalten.	Der Rauch behindert die Feuerwehrleute bei der Ret-tung.	Rauch ist auch dort, wo kein Feuer ist.
Durch den Rauch kann man eine Vergiftung bekommen.	Rauch macht auch orientierungs-los.	Bei Rauch sollte man am Boden kriechen.

Der Rauch behindert die Feuerwehrleute bei der Ret-tung.	Rauch ist gefährlicher als Feuer.	Im Rauch sind Plastikdämpfe und andere giftige Stoffe enthalten.
Rauch macht auch orientierungs-los.	Gegen den Rauch haben die Feuerwehr-männer Masken.	Durch den Rauch kann man eine Vergiftung bekommen.
Rauch ist auch dort, wo kein Feuer ist.	Bei Rauch sollte man am Boden kriechen.	Der Rauch versperrt oft mögliche Fluchtwege.

Koalas – lebendige Teddybären

© Fotolia/Kaarsten

Der wissenschaftliche Name des Koalas heißt wörtlich übersetzt: Aschgrauer Beutelbär. Sie sind etwa 50 cm groß und wiegen 8–12 kg. Sie haben ein silbergraues, wolliges Fell. Am Ende ihrer Greifhände befinden sich spitze, scharfe Krallen, die sich super zum Klettern und Greifen von Ästen eignen. Wer einmal einen Koala gesehen hat, weiß, dass diese Tiere die lebendigen Teddybären sind.

Der Name Koala-„Bär“ ist eigentlich nicht richtig. Koalas sehen den richtigen Bären, wie Eisbär oder Braunbär nicht besonders ähnlich. Außerdem haben sie einen Beutel, in dem sie Ihre Jungen aufziehen. Sie sind deshalb Beuteltiere, wie das Känguru. Koalas leben nur in einem einzigen Land auf der Erde, nämlich in Australien.

Viele Menschen lutschen, wenn sie krank sind, Eukalyptusbonbos. Koalas sind ausschließlich Pflanzenfresser und ernähren sich nur von Eukalyptusblättern, aus denen die Bonbons gemacht werden. Dabei ist der Koalabär ein Feinschmecker: Er wählt aus den mehr als 100 verschiedenen Eukalyptusbäumen nur 5–10 verschiedene Arten aus, deren Blätter er frisst.

Da die Eukalyptusblätter auch für den Koala nicht ganz unproblematisch sind, lässt er sich sehr viel Zeit bei der Verdauung. Ein typischer Koala-Tagesplan besteht aus einer Stunde Fressen, zwei Stunden Klettern und einer halben Stunden Putzen. Den restlichen Tag über wird geruht und geschlafen. Man kann sagen: Ein Koala-Leben ist eher gemütlich.

Leider haben es diese Tiere trotz ihres gemütlichen Lebens nicht leicht. Vor hundert Jahren wurden sie von Menschen gejagt, da sie so ein schönes Fell haben. Jetzt ist die Jagd verboten, aber das Überleben ist dennoch schwierig. In den letzten zweihundert Jahren wurden 80 % der Eukalyptuswälder abgeholzt. Die Nahrungsquellen der Tiere nehmen immer weiter ab. Koalas können nicht, wie Affen, von Baum zu Baum springen. Sie müssen jedes Mal herunterklettern und zum nächsten Baum gehen. Deshalb lauern auf dem Boden weitere Gefahren. Oft kommt es zu bösen Verletzungen durch Hunde oder den Straßenverkehr. Auch große Buschfeuer sind eine Gefahr für die langsamen Tiere.

Kontrolliere dich, wenn du den Text gelesen hast. So siehst du wo du, neue Informationen erhalten hast.

Koalas leben in

- ❑ Amerika
- ❑ Afrika
- ❑ Australien

Wenn sie sich aufrichten, sind Koalas

- ❑ 1 m hoch
- ❑ 2 m hoch
- ❑ 50 cm hoch

Koalabären gehören zur Familie der

- ❑ Bären
- ❑ Kängurus
- ❑ Affen

Koalas fressen

- ❑ kleine Insekten
- ❑ Bananen
- ❑ Eukalyptus

© Fotolia/Kaarsten

Der größte Feind ist

- ❑ der Mensch
- ❑ der Tiger
- ❑ die Baumschlange

Koalas sind

- ❑ sehr aktive Tiere
- ❑ faule Tiere
- ❑ nur nachtaktive Tiere

Die Zeilenangaben helfen dir passende Überschriften zu finden.

________________________________ → Zeile: 1 bis 10

________________________________ → Zeile: 11 bis 16

________________________________ → Zeile: 17 bis 21

________________________________ → Zeile: 22 bis 26

________________________________ → Zeile: 27 bis 35

Ein Krankenhaus für Koalas

Josef, 12 Jahre, Bonny Hill, Australien

Josefs Geschichte beginnt mit einem komischen Geräusch auf dem Nachhauseweg. Er ging abends mit seiner Schwester an der Hauptstraße entlang. Aus dem Straßengraben konnten sie plötzlich ein Fiepen hören. Die Geschwister blieben stehen und suchten im Dunklen. Und was sie fanden, machte sie sehr traurig. Im Graben lag ein kleines, süßes, graues Fellknäul – ein Koala. Als sie ihn hoch heben wollte, bemerkte Josef eine offene Wunde mit Blut am Hinterteil des Tieres. Der Fall war den Geschwistern sofort klar. Ein Auto musste den Koala angefahren haben. Josefs Schwester blieb bei dem Tier, während Josef gleich heim lief, um Hilfe zu holen. Sein Vater wusste, was zu tun war. Er verständigte sofort das Koala-Krankenhaus. Nach kurzer Zeit erschien ein Geländewagen der Koala-Hilfe und brachte das blutende Tier ins Krankenhaus.

Ungefähr 400 km nördlich von Sydney befindet sich ein einzigartiges Krankenhaus nur für Koalas. Jedes Jahr werden dort rund 300 „Patienten" behandelt. Die Klinik hat einen Operationssaal, verschiedene Krankenzimmer und natürlich ein Labor, in dem wichtige Blutuntersuchungen stattfinden. Außerdem gibt es ein großes Freigehege, in dem die Koalas wieder lernen müssen, auf Bäume zu klettern und ohne Hilfe zu fressen. Das Ziel ist, die Koalas nach der Behandlung wieder in die Freiheit zu entlassen. In der Klinik arbeiten viele Freiwillige, die in ihrer Freizeit etwas für die süßen Tiere tun wollen. Das Krankenhaus bekommt nämlich vom australischen Staat kein Geld. Viele Menschen, die das Krankenhaus besuchen, spenden Geld, um den Tieren zu helfen.

Noch Tage nach dem Fund machte sich Josef Gedanken, ob dem schwer verletzten Tier geholfen werden konnte. Also rief er in der Koala-Klinik an, um sich nach dem Koala zu erkundigen. Die Antwort, die er bekam, konnte er gar nicht glauben: Der Koala war auf dem Weg der Besserung und hatte das Schlimmste hinter sich. Ein paar Tage später fuhr Josef mit seinem Vater in die Klinik. Dort bedankte sich ein Tierpfleger bei ihm. Nur durch seine schnelle Hilfe konnte der Koala gerettet werden. Aber jetzt wollte Josef den Koala sehen. Er saß schlafend in einer Box. Am Hinterteil war eine große fellfreie Stelle, an der eine lange Naht an der Haut sichtbar war. Dieser Anblick machte Josef sehr traurig. Der Tierpfleger kam mit einer Spritze mit weißem Inhalt. Er lächelte Josef an und sagte: „Die Verletzung sieht schlimmer aus, als sie ist. Er hatte Glück, denn er hat sich nichts gebrochen." Als er die Spritze zum Mund des Koalas führte, erklärte der Pfleger: „Das ist seine Nahrung, gemischt mit etwas Medizin, damit er wieder auf die Beine kommt." Schon bewegte sich das graue Fellknäul und begann, mit der Zunge den Inhalt der Spritze zu lecken. Zum Schluss steckte der Pfleger ein Schild an die Box „Koala Josef – Autounfall". Zum Dank werden die Koalas in der Klinik immer nach ihrem Retter benannt.

Wenn du den Text aufmerksam gelesen hast, kannst du die Fragen bestimmt beantworten.

1. In welchem Land spielt die Geschichte?

___

2. Wer sind die Hauptpersonen? Kreuze an!

- ❑ Otto
- ❑ Mutter Frieda
- ❑ ein Milchfahrer
- ❑ Josef
- ❑ ein Tierpfleger
- ❑ ein Fahrradfahrer
- ❑ ein Taxifahrer
- ❑ Josefs Schwester

3. Was passiert, nachdem das verletzte Tier gefunden wurde?

___

___

___

Überlege dir selbst Fragen zum Text und schreibe sie hier auf. Stelle die Fragen deinem Partner.

___

___

___

___

___

___

___

___

___

___

___

___

___

___

Arbeite zusammen mit deinem Partner. Schneidet die Bingokarten ab. Jeder bekommt eine Karte. Lass dir von deinem Partner die folgenden Sätze in beliebiger Reihenfolge vorlesen. Markiere die Felder, deren Sätze vorgelesen wurden. Sobald du drei Kreuze in einer Reihe hast, wird gestoppt. Wechselt die Rollen. Wer hat am schnellsten drei Kreuze in einer Reihe?

Koalas werden oft von Hunden angegriffen.

Koalas können nicht von Baum zu Baum springen.

Die Welt des Koalas ist gefährdet.

Koalabären wurden früher wegen ihres Fells gejagt.

Koalabären riechen wie Eukalyptusbonbons.

Koalas sind sehr träge Tiere, die nur drei Stunden am Tag wach sind.

Koalabären gehören nicht zur Familie der Bären, sondern zu den Beuteltieren.

Der Koala frisst ausschließlich Eykalyptusblätter.

Koala bedeutet übersetzt eigentlich: „Das Tier, das nicht trinkt!“

Koalabären wurden früher wegen ihres Fells gejagt.	Koalas können nicht von Baum zu Baum springen.	Koalabären riechen wie Eukalyptus-bonbons.
Koalas werden oft von Hunden angegriffen.	Koalas sind sehr träge Tiere, die nur drei Stunden am Tag wach sind.	Koalabären gehören nicht zur Familie der Bären, sondern zu den Beuteltieren.
Die Welt des Koalas ist ge-fährdet.	Der Koala frisst ausschließlich Eykalyptus-blätter.	Koala bedeutet übersetzt eigentlich: „Das Tier, das nicht trinkt!“

Koalas werden oft von Hunden angegriffen.	Koalabären riechen wie Eukalyptus-bonbons.	Der Koala frisst ausschließlich Eykalyptus-blätter.
Koalas können nicht von Baum zu Baum springen.	Koala bedeutet übersetzt eigentlich: „Das Tier, das nicht trinkt!“	Die Welt des Koalas ist ge-fährdet.
Koalas sind sehr träge Tiere, die nur drei Stunden am Tag wach sind.	Koalabären gehören nicht zur Familie der Bären, sondern zu den Beuteltieren.	Koalabären wurden früher wegen ihrem Fell gejagt.

Kannst du die angegebenen Wörter an den passenden Stellen einfügen?

1. Koalas sind faule ________________. 2. ________________ kann man Koalas nur in Australien sehen. 3. Sie ________________ gerne Eukalyptus. 4. Außerdem haben ________________ ein weiches Fell.	**leider, Tiere, sie, fressen**

1. In Duisburgs ________________ leben Koalabären. 2. Das Problem ist das ________________. 3. Sie ________________ täglich 400 Gramm Eukalyptusblätter. 4. An ihren Händen ________________ spitze Krallen.	**Futter, sitzen, benötigen, Zoo**

1. Eukalyptus ist auch für Koalas keine leichte ________________. 2. Für andere Tiere sind die Blätter ________________. 3. Deshalb frisst der Koala keinem anderen ________________ weg. 4. Jedes Blatt ________________ der Koala mit der Nase.	**giftig, etwas, Nahrung, beschnuppert**

1. Diese Tiere ________________ ihre Flüssigkeit über die Blätter auf. 2. In den ________________ steckt wenig Energie. 3. Eine Katze könnte mit dieser Energie keine ________________ fangen. 4. ________________ ist der Koala nur drei Stunden am Tag wach.	**deshalb, nehmen, Eukalyptus-blättern, Mäuse**

1. Erst wenn der ________________ dem Koala passt, isst er das Blatt. 2. Die meiste Zeit schläft und ________________ er. 3. Ist er aber in ________________, kann er blitzschnell klettern. 4. Dann bringt er sich auf hohen Bäumen in ________________.	**Sicherheit, Gefahr, ruht, Geruch**

Auf dem Ponyhof

Nina liebt Fahrradfahren, aber mehr noch liebt sie ihr Pony Simi. Zu ihm war sie nun unterwegs. Es war einer dieser herrlichen Maitage und Nina spürte den angenehmen Fahrtwind auf der Haut. Das Pony lebte, zusammen mit vielen anderen Pferden, auf dem Ponyhof Mair. Schon tauchte die saftig grüne Wiese auf. Weiße, braune und schwarze Ponys wärmten sich in der Morgensonne.

Nina war etwas früh dran für die Unterrichtsstunde von Simi. Sie sah sich auf dem Hof um. Von Maria Mair, der Ponyhofbesitzerin, war aber keine Spur zu sehen. Auch ihr kleines silbernes Auto stand nicht an seinem Platz. Das spielte aber keine Rolle, denn seit einer Woche hatte Nina einen eigenen Schlüssel für den Stall – dachte sie jedenfalls. Sie kramte in ihren Hosentaschen, erst rechts, dann links. Da war kein Schlüssel.

In der Jacke vielleicht? Nina sah sich um. Eigentlich sollte die Jacke in dem Korb auf dem Gepäckträger sein. So ein Mist! Sie musste sie unterwegs verloren haben. „Wenn man einmal pünktlich sein will…“, stöhnte Nina. Als sie genervt auf den Sattel steigen wollte, hörte sie ein scharfes Bremsgeräusch auf dem Kies. Es war Kevin, der sie erwartungsvoll anstrahlte und eine blaue Jacke wie ein Lasso über sich schwang. Kevin sah so toll aus, aber das Beste war, dass er Pferde liebte. Wie Nina. Schon öfter hatten sie sich auf dem Hof gesehen, aber Nina traute sich nicht, den Jungen mit den dunklen Locken anzusprechen. Jetzt stand er plötzlich vor ihr und sie sah seine schönen, dunklen Augen. „Du hast… sie gefunden. Das ist… nett von dir, dass du sie… mitgenommen hast“, stammelte Nina. „Für dich mache ich das gerne“, sagte Kevin und lächelte sie dabei an. „Gibt es denn eigentlich einen Finderlohn?“ Nina überlegte kurz und antwortete: „Wie wäre es mit einer kühlen Limo im Stroh?“ „Dazu sage ich nicht nein, denn ich wollte dich schon lange mal kennenlernen“, flüsterte Kevin.

Wenn du den Text aufmerksam gelesen hast, kannst du die Fragen bestimmt beantworten.

1. Warum war Nina auf dem Weg zum Ponyhof?

____

2. Wer sind die Hauptpersonen? Kreuze an!

- ☐ Kevin
- ☐ Herr Mair
- ☐ Frau Mair
- ☐ Frau Müller
- ☐ Metzger Tobi
- ☐ Nena
- ☐ Justin
- ☐ Nina

3. Nina suchte in ihren Hosentaschen. Was und warum suchte sie?

____

____

____

Überlege dir selbst Fragen zum Text und schreibe sie hier auf. Stelle die Fragen deinem Partner.

____

____

____

____

____

____

____

____

____

____

____

____

____

____

____

Schuhe für Ifoma

Ifoma braucht neue Schuhe. Aber Ifoma ist kein Mensch, der in einen Schuhladen gehen kann, sondern ein Pferd. Diese Pferdeschuhe nennt man Hufeisen, und die macht der Hufschmied.

Hufeisen werden aus Eisen hergestellt. Schuhe aus Eisen sollen bequem sein?

Aber das ist die Kunst des Hufschmieds, das Metall so zu bearbeiten, dass es dem Pferd optimal passt. Das kennst du ja von deinen Schuhen auch.

1 Da das Hufeisen aus Metall besteht, muss man es erhitzen, um es biegen und an den Huf anpassen zu können. Dies geschieht in einem Schmiedeofen. Im Ofen ist es sehr heiß. Deshalb muss der Schmied besonders aufpassen, um sich nicht zu verbrennen.

2 Während das Hufeisen abkühlt, entfernt der Hufschmied altes Horn von Ifomas Huf. Sie hat dabei keine Schmerzen, denn Horn wächst wie unsere Fingernägel und muss regelmäßig gekürzt werden.

3 Das kalte Hufeisen wird nun mit kleinen Nägeln in den Huf gehämmert. Dabei muss der Schmied sehr vorsichtig sein, damit er keine Nerven des Pferdes trifft. Dies erfordert natürlich viel Erfahrung.

4 Damit alles perfekt sitzt, feilt der Hufschmied Überstehendes ab.

Da Ifoma brav stillgehalten hat, konnte der Schmied schnell arbeiten. Dafür gibt es nun eine Hand voll Leckerlies. Dann läuft Ifoma so neu beschlagen fröhlich auf die Koppel.

Trage unter den Bilder die Nummer des passenden Textabschnitts ein!

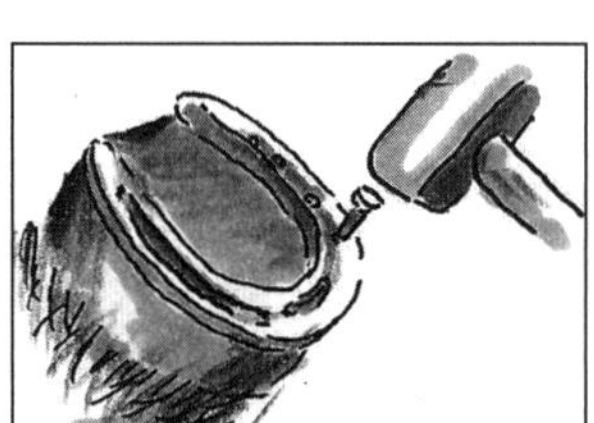

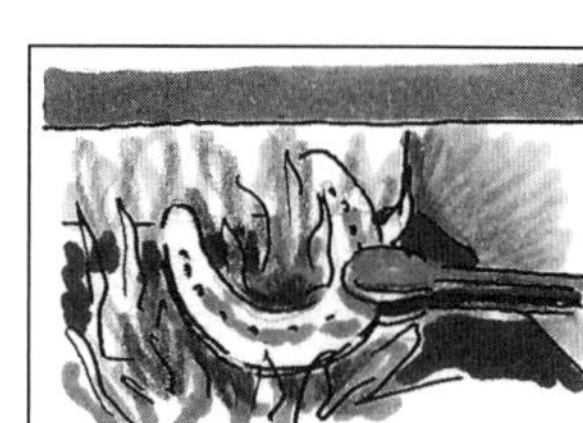

Diese Übung hilft dir beim vorausschauenden Lesen. Versuche den Text zu lesen und bei den Pfeilen jeweils das Wort am rechten Rand zu lesen. Du kannst den Text auch deinem Partner vorlesen.

Von Stuten und Fohlen

Weibliche → nennt man Stuten. Das Baby einer Stute bleibt viel länger im	Pferde
Bauch der Mutter als beim → , nämlich zwei Monate länger, also elf Monate.	Menschen
Deshalb ist das Fohlen (so nennt man ein kleines Pferd bis zu zwei →)	Jahren
sehr weit entwickelt.	
Schon eine Stunde nach der → kann das Pferdebaby alleine stehen und	Geburt
folgt der Mutter. Das ist für diese Tiere sehr → . Denn Pferde sind Herden-	wichtig
tiere. Das heißt, sie bewegen sich immer in der Gruppe. Würden → nicht	Fohlen
mit der Herde mitziehen können, wären sie leichte Beute für → , wie es	Raubtiere
z. B. Löwen sind.	
Nach wenigen → beginnt das kleine Pferd, Gras zu fressen, obwohl	Wochen
es noch bis zu einem Jahr → von der Mutter bekommt. Wie alle Kinder	Milch
brauchen Fohlen viel Schlaf. Doch bei Gefahr kommt das Kleine → auf	schnell
die Beine.	

Beschrifte die Zeichnung!

Sicher kennst du dich etwas mit Pferden aus. Aber kennst du auch die einzelnen Körperteile und ihre Bezeichnungen? Beschrifte das Pferd. Lies erst danach den Text. So kannst du sehen, was du schon wusstest und was du Neues gelernt hast.

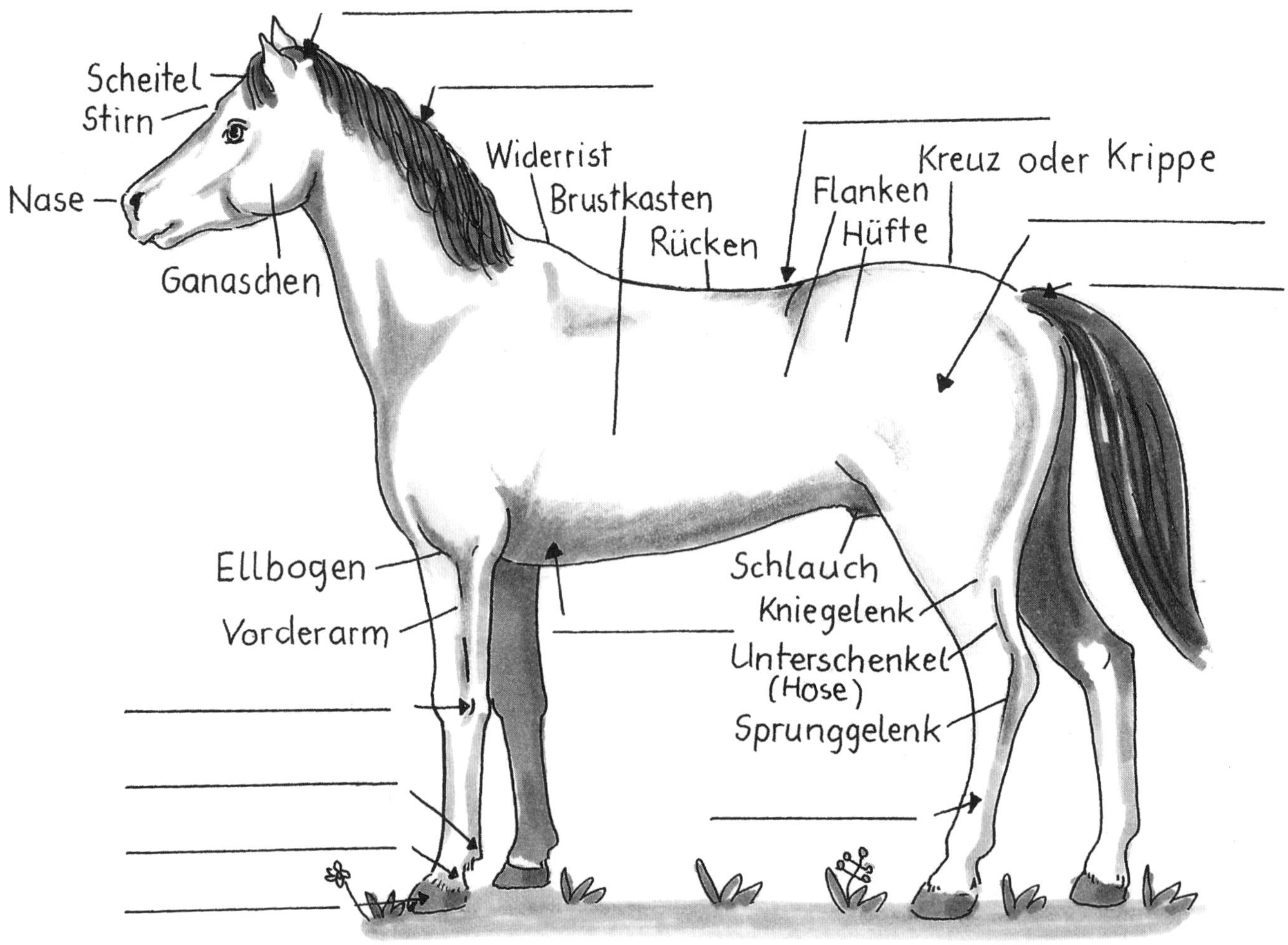

Der Pferdekopf ist ähnlich wie bei uns Menschen angelegt. Nase, Stirn, Scheitel sind nichts Ungewöhnliches – auch nicht am menschlichen Kopf. Wenn man weiter hinab zum Hinterkopf des Pferdes schaut, kommt einem auch Vieles bekannt vor. So hat ein Pferd zum Beispiel auch ein Genick, das sich in der Nähe des Scheitels befindet. Dort, wo wir die Mähne des Pferdes sehen, ist der Obere Halsrand oder auch Kamm genannt. Nach dem Rücken, kurz bevor wir zum Hinterteil des Pferdes kommen, liegen die Lenden oder Nieren. Am Hinterteil können wir das Hüftgelenk und den Schwanzansatz erkennen. Wie auch der Mensch besitzt das Pferd Schienbeine und Fesseln, die wie bei uns knapp oberhalb des Fußansatzes liegen. Pferde können ihre Fesseln bewegen. Deshalb besitzen sie auch ein Fesselgelenk. Hufe sind die Schuhe des Pferdes. Das Vorderknie sitzt direkt über dem Schienbein. Da wir jetzt wissen, wo sich beim Pferd die „Arme" befinden, ist es auch ein Leichtes die Schulter herauszufinden. Sie liegt direkt unterhalb der Kehle (auch unterer Halsrand genannt).

Die sieben Weltwunder der Antike

Manchmal stehen wir vor Bauwerken und können uns gar nicht vorstellen, dass Menschen so etwas Großartiges gebaut haben sollen. Moderne Wolkenkratzer, riesengroße Tempel oder auch die Pyramiden – es grenzt an ein Wunder, dass es sie gibt. Schon vor 2000 Jahren besuchten die Menschen als Touristen die großartigsten Bauwerke ihrer Zeit und bezeichneten sie als „Weltwunder".

Bereits in der Mitte des 5. Jahrhunderts vor Christus schrieb der Geschichtsschreiber Herodot einen Reiseführer über die unglaublichsten Bauwerke der ihm bekannten Welt.

Dies war der erste Versuch, die Weltwunder menschlicher Baukunst zusammenzufassen. Von den uns bekannten sieben Weltwundern waren damals aber zwei noch gar nicht gebaut: der Koloss von Rhodos und der Leuchtturm von Alexandria. Erst um 200 vor Christus beschrieb Antipatros von Sidon in einem Gedicht die sieben Weltwunder. Antipatros nahm dabei auch nur die „Wunder" in sein Buch auf, die man besichtigen konnte.

© akg-images

Leider können wir heute nur noch die Pyramiden von Gizeh besuchen, da die anderen Weltwunder durch Erdbeben oder auch von Menschen zerstört worden sind.

Lies dir die Beschreibungen der sieben Weltwunder der Antike durch. Suche aus den Bildern die jeweils passende Darstellung heraus und trage die Nummer des Textes ein.

1

Von griechischen Schriftstellern wissen wir, dass die **Hängenden Gärten der Semiramis** eine aufwändige Gartenanlage in Babylon am Euphrat waren und zu den sieben Weltwundern der Antike zählten. Semiramis war eine griechische Sagengestalt, die ursprünglich als Erbauerin der Gärten galt. Später wurde vermutet, dass die Gärten ca. um 600 vor Christus von König Nebukadnezar II für seine Frau erschaffen worden waren. Da Archäologen bis heute keine Überreste der Gärten gefunden haben, ist die Existenz der Gärten aber nicht bewiesen. Den antiken Autoren nach lagen die Gärten auf oder neben einem Palast. Die Terrassen hatten eine Höhe von ca. 30 m. Für die Bewässerung sorgte der nahegelegene Fluss.

2

Der **Koloss von Rhodos** wurde 292 vor Christus in der Inselhauptstadt Rhodos (Griechenland) aufgestellt. Die Bronzestatue, die den griechischen Sonnengott Helios darstellte, war über 30 m hoch und 12 Tonnen schwer (12.000 kg). Es wurde zwölf Jahre lang an ihr gebaut. Errichtet wurde der Koloss von Rhodos von Chares von Lindos zur Erinnerung an den glücklichen Ausgang der Belagerung von Rhodos. Etwa 226 vor Christus stürzte die Statue infolge eines Erdbebens um. Die Überreste blieben noch einige Jahrhunderte an Ort und Stelle, bevor Araber die Insel eroberten und das Metall in den Orient abtransportierten.

3

Das **Mausoleum von Halikarnassos** war ein prächtiges Grab von Maussolos, dem Kleinkönig von Karien. Das Mausoleum wurde ca. 368 bis 350 vor Christus in Halikarnassos, in der heutigen Türkei errichtet. Bauherren waren der Begrabene selbst (Statthalter Mausolos von Halikarnassos) und seine Frau Königin Artemisia. Die Höhe des Mausoleums betrug ca. 42 m. Es hatte auch einen beachtlichen Unterbau mit einer Grundfläche von 33 mal 39 Metern. Durch ein Erdbeben wurde das Mausoleum schwer beschädigt und im 15. Und 16. Jahrhundert von Kreuzrittern zerstört.

4

Der **Große Leuchtturm von Pharos** wurde nach der Insel Pharos benannt, auf der er stand. Er war zu damaliger Zeit der erste und bis ins 20. Jahrhundert der höchste Leuchtturm, der je gebaut wurde. Die Insel Pharos gehörte zu der Stadt Alexandria und so spricht man heute auch vom „Großen Leuchtturm von Alexandria". Der Turm soll etwa 115 bis 160 Meter hoch gewesen sein und wurde von Alexander dem Großen ca. 300 vor Christus gebaut. Die Außenwände des Leuchtturms verkleidete man mit weißem Marmor, der heutzutage ca. 5 Millionen Euro wert wäre. Zerstört wurde der Leuchtturm durch ein Erdbeben im Jahr 796 nach Christus.

Lies dir die Beschreibungen der sieben Weltwunder der Antike durch. Suche aus den Bildern die jeweils passende Darstellung heraus und trage die Nummer des Textes ein.

5

Die **Pyramiden von Gizeh** stehen in Ägypten und gehören zu den bekanntesten und ältesten erhaltenen Bauwerken der Menschheit. Man kann sie immer noch besichtigen; sie liegen etwa 15 km vom Stadtzentrum Kairos (der Hauptstadt Ägyptens) entfernt. Die größte und bekannteste Pyramide, die Cheops-Pyramide, wurde nach dem Pharao Cheops benannt. Dieser regierte etwa um 2620 bis 2580 vor Christus und ließ auch in dieser Zeit die Pyramide aus ungefähr drei Millionen Steinblöcken erbauen. Jeder einzelne Steinblock wiegt etwa 2,5 Tonnen. Die Cheops-Pyramide war ursprünglich 146,6 m hoch, heute misst sie nur noch 138,75 m. Die Seiten sind ca. 230 m lang. In der Pyramide befindet sich die Königsgrabkammer.

6

Der **Tempel der Artemis in Ephesos** war der größte Tempelbau der Antike und bestand aus mehreren Tempeln. Die griechische Stadt Ephesos, deren Ruinen in der heutigen Türkei liegen, war in der Antike für ihren Reichtum berühmt. Sie war eine der größten Städte der Antike. Gebaut wurde der Tempel der Artemis ca. ab 560 vor Christus. Den etwa 120 Jahre lang währenden Bau unterstützte u.a. der Lyderkönig Krösus. Der Tempel wurde aus weißem Marmor gebaut. Die Maße der Grundfläche betrugen 55 mal 115 Meter. Zerstört wurde der Tempelbau 262 nach Christus von den Goten.

7

Im Jahr 432 vor Christus begann der griechische Künstler Phidias mit dem Bau der **Zeus-Statue**. Sechs Jahre arbeitete er an ihr. Die Statue stand ursprünglich in Olympia, Griechenland, später wurde sie nach Konstantinopel (das heutige Istanbul in der Türkei) transportiert. 13 Meter hoch war die thronende Zeus-Statue. Ihr innerer Kern bestand aus Zypressen und Edelholz. Große Teile der Statue waren aus purem Gold. 475 nach Christus wurde die Statue bei einem Brand zerstört.

© akg-images

© akg-images

© akg-images

© akg-images

© akg-images

© Fotolia/donyanedomam

© akg-images

Steckbriefe erstellen (1)

Erstelle Steckbriefe zu jedem der sieben Weltwunder der Antike. Für die dir wichtigen Besonderheiten findest du auf der Rückseite Platz.

Der Koloss von Rhodos

Ort:

Entstehungszeit:

Bauherr:

Höhe:

Material:

Gewicht:

Schicksal:

Der Pharos-Leuchtturm

Ort:

Entstehungszeit:

Bauherr:

Höhe:

Material:

Gewicht:

Schicksal:

Erstelle Steckbriefe zu jedem der sieben Weltwunder der Antike. Für die dir wichtigen Besonderheiten findest du auf der Rückseite Platz.

Die Hängenden Gärten der Semiramis

Ort:

Entstehungszeit:

Bauherr:

Höhe:

Material:

Gewicht:

Schicksal:

Das Mausoleum von Halikarnassos

Ort:

Entstehungszeit:

Bauherr:

Höhe:

Material:

Gewicht:

Schicksal:

Erstelle Steckbriefe zu jedem der sieben Weltwunder der Antike. Für die dir wichtigen Besonderheiten findest du auf der Rückseite Platz.

Der Artemis-Tempel in Ephesos

Ort:

Entstehungszeit:

Bauherr:

Höhe:

Material:

Gewicht:

Schicksal:

Die Zeus-Statue

Ort:

Entstehungszeit:

Bauherr:

Höhe:

Material:

Gewicht:

Schicksal:

Erstelle Steckbriefe zu jedem der sieben Weltwunder der Antike. Für die dir wichtigen Besonderheiten findest du auf der Rückseite Platz.

Die Cheops-Pyramide

Ort:

Entstehungszeit:

Bauherr:

Höhe:

Material:

Gewicht:

Schicksal:

Wo konnte man welches Weltwunder bestaunen? Trage die Namen in die Karte ein.

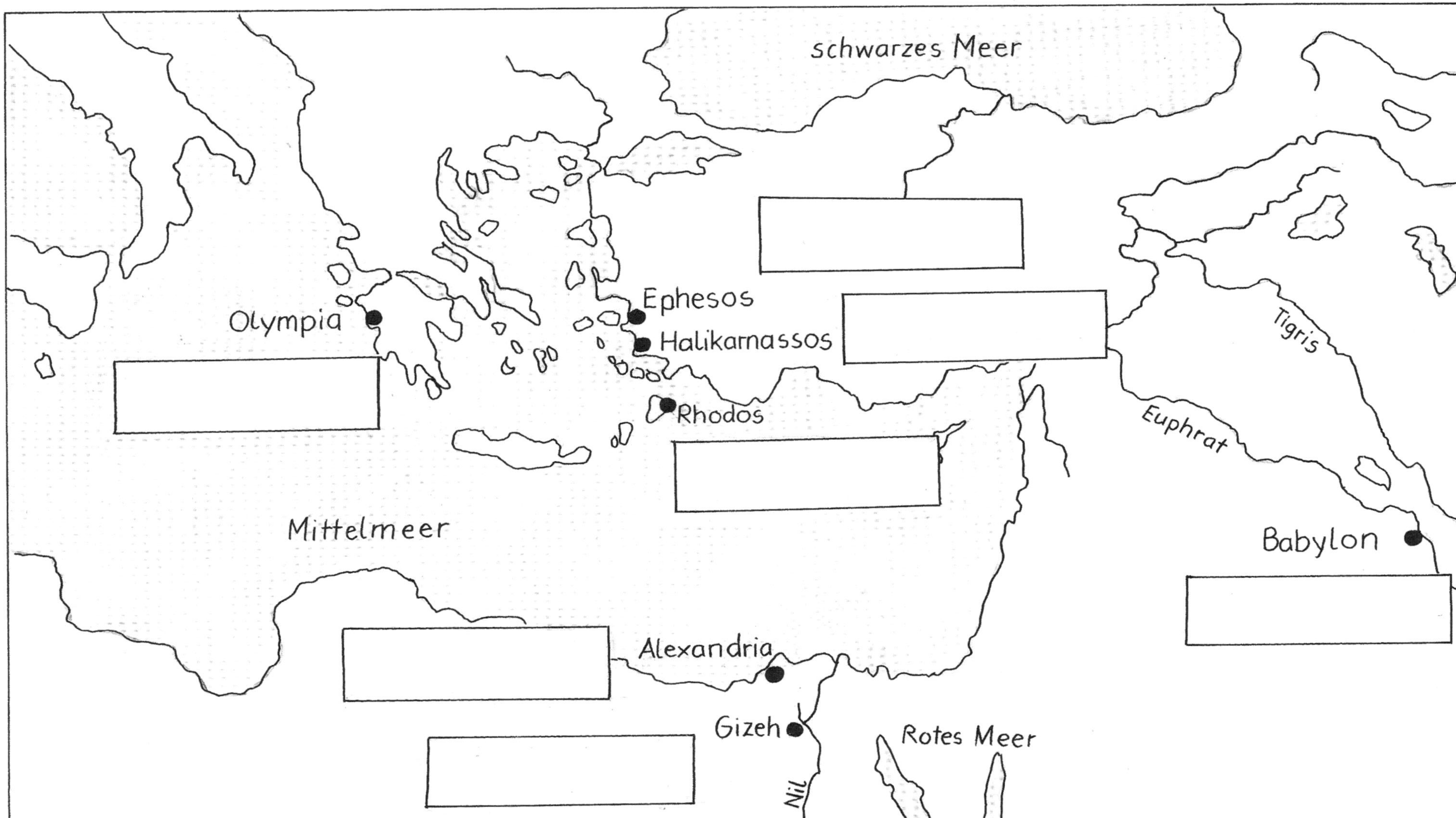

Gedicht von Antipatros von Sidon über die sieben Weltwunder (um 200 vor Christus)

„Anschauen durfte ich mir des ragenden Babylon Mauern, die man mit Wagen befährt, dann den alpheischen Zeus, auch die Hängenden Gärten und den Koloss des Helios, die Pyramiden, ein Werk mächtig zur Höhe gereckt, und das gewaltige Grabmal des Mausolos. Aber der Tempel, der sich in Wolken verliert, heilig der Artemis, liess alles andere verblassen. Ich sprach: ‚Vom Olymp abgesehen, hat Gott Helios solch Wunderwerk niemals erblickt!'"

Pablo Picasso

© akg-images/NordicPhotos

Der berühmte Künstler und Maler Pablo Picasso wurde 1881 in Malaga geboren. Das liegt in Spanien. Er war das erste Kind seiner Eltern. Sein Vater war freischaffender Maler und Lehrer an einer Kunstgewerbeschule. Im Alter von sieben Jahren zeigte sich Picassos außergewöhnliches Talent – er begann unter Anleitung seines Vaters zu malen. An der Kunstakademie in Barcelona bestand er alle Prüfungen mit Bravour und bald fanden auch erste Ausstellungen in Paris, Madrid und Barcelona statt.

1901 entwickelte Picasso erstmals seinen eigenen Stil. Seine Gemälde zeigten meist von der Gesellschaft Ausgeschlossene wie Bettler oder Obdachlose. Die Zeit von 1901 bis 1904 nennt man die „blaue Periode“, da Picasso in seinen Werken meist blaue und ockerfarbene Farben verwendete. 1904 begann Picasso die blauen und ockerfarbenen Töne durch orange und rosa zu ersetzen. Die „rosa Periode“ beginnt. Motive dieser Zeit waren Kämpfer (Menschen, die sich mit viel Engagement für ein Ziel einsetzen), die eine würdevolle Ausstrahlung hatten. Picasso zog nach Paris und hatte dort auch ein Atelier. Drei Jahre später lernte er den Maler Georges Braque kennen und entwickelt den Kubismus. Bei dieser Art von Malerei wird das Bildmotiv vom Maler in unzählige kleine eckige Flächen zerlegt und wieder neu zusammengesetzt. Das Wort Kubismus kommt vom lateinischen Wort „Kubus“ → Würfel.

Mit 37 Jahren heiratete Picasso seine erste Frau, die Tänzerin Olga Koklowa. Die beiden hatten einen gemeinsamen Sohn, Paul. 1927 lernte Picasso Marie-Thérése Walter kennen. Er malte viele Portraits von ihr, trennte sich von seiner Frau Olga und lebte mit Marie-Therese zusammen. Picassos zweites Kind wurde geboren, ein Mädchen, Maya. 1936 wurde Dora Maar Picassos Partnerin. Sie war Künstlerin und Fotografin. 1947 wurde Picassos Sohn Claude geboren, zwei Jahre später Tochter Paloma. Claudes und Palomas Mutter war die junge Malerin Francoise Gilot, die Picasso bei vielen Werken assistierte. 1961 heiratete er Jacqueline Rocque, eine weitere Lebensgefährtin. Sie zogen gemeinsam nach Mougins in Frankreich.

1973 starb Pablo Picasso im Alter von 92 Jahren. Bis zu diesem Zeitpunkt arbeitete er ununterbrochen und konnte seine Werke in vielen Ausstellungen auf der ganzen Welt zeigen. Picasso war einer der fleißigsten Maler (er hinterließ Tausende von Werken) und zählt somit auch zu den berühmtesten Künstlern der Welt und zu den bedeutendsten des 20. Jahrhunderts. Einen Teil seiner Arbeit kann man heute in einem Museum, das ihm zu Ehren gegründet wurde, bestaunen: im „Musee Picasso“ in Paris.

Pablo Picasso	Überschriften zuordnen	Thema 13 (B)

Ordne die Überschriften den Textabschnitten zu. Wenn du noch bessere Überschriften findest, kannst du diese ebenfalls aufschreiben und zuordnen.

Die „rosa Periode“ → Zeile: ______

Picassos Herkunft → Zeile: ______

Die „blaue Periode“ → Zeile: ______

→ Zeile: ______

→ Zeile: ______

→ Zeile: ______

Pablo Picasso	Fragen zum Text	Thema 13

Wenn du den Text aufmerksam gelesen hast kannst du die Fragen bestimmt beantworten.

1. Woher hat die „blaue Periode“ ihren Namen?

______

______

2. Wie kommt die „rosa Periode“ zu ihren Namen?

______

______

3. Wie heißen die Kinder Picassos und wer sind deren Mütter?

______

______

4. Richtig oder falsch? Kreuze an!

Aussagen	richtig	falsch
Picasso lebte in Madrid.	☐	☐
Francoise Gilot war Malerin.	☐	☐
Das Wort Kubismus kommt aus dem Griechischen.	☐	☐
Picasso malte in seinem Leben ca. 53 Gemälde.	☐	☐
Bis zu seinem Tod arbeitete Picasso ununterbrochen.	☐	☐

Verfasse einen Lebenslauf für Pablo Picasso. Verwende die Lebensdaten, die du im Text findest. Schreibe keine ganzen Sätze, sondern formuliere Stichpunkte.

Lebenslauf von Pablo Picasso

© akg-images/NordicPhotos

1881 ______

Lies dir die Beschreibungen der Werke von Pablo Picasso durch. Suche aus den Bildern das jeweils passende Werk heraus und trage die Nummer des Textes ein.

(1)

Guernica

1937 malte Picasso das Gemälde „Guernica“, das zu seinen bekanntesten Werken zählt.

Er war zutiefst schockiert über den Einmarsch der deutschen Legion Condor in der baskischen Stadt Guernica. (Das Baskenland ist eine Landschaft an der Atlantikküste in der Grenzregion von Spanien und Frankreich.) Im spanischen Bürgerkrieg wurde Guernica bombardiert. Das Grauen anlässlich dieser Bombardierung wird in Picassos Gemälde thematisiert.

In Wirklichkeit misst das Bild 3,49 m x 7,77 m.

(2)

Daniel-Henry Kahnweiler

Daniel-Henry Kahnweiler war ein Freund Picassos und auch sein Galerist. Als Picasso Kahnweiler in Paris kennenlernte, schuf er ein interessantes Bildnis von ihm. Er setzte viele kleine eckige Flächen zusammen, so dass es scheint, dass sich der Oberkörper und das Gesicht Kahnweilers auflösen und man alles gleichzeitig von verschiedenen Seiten aus sehen kann.

Diese Art der Malerei nennt man Kubismus.

(3)

Junge mit Pfeife

„La Vie“ gilt als das Hauptwerk der blauen Periode.

Ab 1905 zeichnet Picasso meist in rosa Tönen. Diese Phase seiner Kunst nennt sich rosa Periode.

Vor einer dunkelrosa und mit Blumen geschmückten Wand sitzt ein junger Arbeiter in blauem Leinenanzug. Er hat eine Pfeife in der Hand und trägt einen Blütenkranz auf dem Kopf.

(4)

La Vie – Das Leben

„La Vie“ gilt als das Hauptwerk der blauen Periode.

Mit Hilfe seines Malstils in dieser Zeit verarbeitet Picasso seine Einsamkeit und den Tod eines guten Freundes. Der abgebildete Mann hat die Gesichtszüge des Freundes, Carlos Casagemas.

Für den Pariser Weltfriedenskongress entwarf Picasso 1949 ein Plakat mit dem Taubenmotiv, das weltweit zum Friedenssymbol wurde.

akg-images/Erich Lessing/© Succession Picasso/VG Bild-Kunst, Bonn 2014

akg-images/Erich Lessing/
© Succession Picasso/VG Bild-Kunst,
Bonn 2014

akg-images/© Succession Picasso/
VG Bild-Kunst, Bonn 2014

akg-images/© Succession Picasso/
VG Bild-Kunst, Bonn 2014

Literaturverzeichnis

Allgemeine Übungen

- http://de.wikipedia.org/wiki/Salzmarsch
- http://www.dadalos-d.org/deutsch/Vorbilder/vorbilder/Gandhi/salzmarsch.htm

Thema 1: Dinosaurier

- http://de.wikipedia.org/wiki/Tyrannosaurus#Arme
- http://de.wikipedia.org/wiki/Jurassic_Park
- http://www.geo.de/GEOlino/mensch/berufe/1074.html?p=2
- http://www.welt.de/wissenschaft/article4461102/Neue-Dino-Fussabdruecke-zeigen-Spuren-einer-Jagd.html
- Expedition Wissen Dinosaurier. Ravensburger Buchverlag, 2007
- Wissen mit Links – Dinosaurier. Dorling Kindersley Verlags GmbH, 2008
- Wissen Visuell – Dinosaurier. Dorling Kindersley Verlags GmbH, 2000
- Dinosaurier. Auf den Spuren der Urzeitechsen. Gerstenberg Verlag, 2010

Thema 6: Der Leoprad

- Bingo-Logo Lesen und Verstehen für die 4. Klasse. ensslin im Arena Verlag, 2004

Thema 8: Altes Ägypten

- http://www.selket.de/fluch.htm

Thema 10: Der Koala

- http://www.wasistwas.de/natur-tiere/alle-artikel/artikel/link//8a41e1375a/article/die-ernaehrung-der-koalas.html?tx_ttnews%5BbackPid%5D=53
- http://www.wasistwas.de/natur-tiere/alle-artikel/artikel/link//8a41e1375a/article/koalas-die-wahren-teddybaeren.html?tx_ansearchit_form%5Bsword%5D=

Thema 12: Die Weltwunder

- Abenteuer Kunst. Ein Tag mit Picasso. Süddeutsche Zeitung/Prestel, 2007